# 1  Ernährung bei TCM - Herz - Blut Mangel

Diese Empfehlungen bitte immer mit Ernährungsberater/in, Arzt oder Diätologen/in absprechen! Die Rezepte und Zutatenlisten unterstützen die medizinischen Therapien.

Die Kalorienangaben frischer Zutaten (Obst und Gemüse) und die Inhaltsstoffe schwanken je nach Qualität und Erntezeit. Die Inhalte wurden von einer Diätologin und einer Ernährungsberaterin für die Traditionelle Chinesische Medizin (TCM) geprüft.

**Autor:**
©2019 Josef Miligui

**Quelle:**
Die Listen werden aus der EBNS-Datenbank für die Ernährungsberatung generiert. Die Datenbank wird von Ernährungsberater, Therapeuten und Ärzte für die Beratung der Patienten/Klienten verwendet und ermöglicht eine Kombination mehrerer Syndrome.

**Literaturliste:**
Wir haben die Unterlagen als Wissensbasis genutzt und an unsere Erfahrungen angepasst und ergänzt.
www.ebns.at

**Herstellung und Verlag:**
BoD – Books on Demand, Norderstedt
ISBN: 9783748129769

## 2   Therapiestrategie

Blut und Herz stärken (siehe auch Leberblutaufbau), Geist beruhigen, Mitte stärken (Milz Qi Aufbau).
Heiß NEIN, warm WENIG (süß JA), kalt NEIN (salzig WENIG), neutral und erfrischend (sauer WENIG)

## 3   Vermeiden

Bitter-austrocknendes, Klaffe, Rotwein, Schwarz u Grüntee, Lamm, Zigaretten, scharf heiße u scharfwarme Gewürze, Yogitee, Alkohol, sehr salziges, Käse, Südfrüchte, zu viel Süßes, Hafer, Weizenauszugsmehl (wirkt heiß!!!), Stress, Bildschirme, spät schlafen.

---

## 4   Speiseplan

**Kkal p. Portion**

### 4.1  Frühstück

Champignonreis ............................................................ 410
Curryreis mit Rosinen und Nüssen ................................ 275
Datteln-Coco-Mandelmuss-Cous-Cous ......................... 483
Dinkelgrieß-Brei mit Beeren der Saison ........................ 243

## 4.2   Jause

## 4.3  Mittag

## 4.4   Nachmittag

## 4.5   Abend

## 4.6 Jederzeit

# 5 Rezepte

empfehlenswert = Sie können mehr verwenden, weniger = wenn möglich weniger verwenden.
TL=Teelöffel, EL=Esslöffel, L=Liter, g=Gramm,

## 5.1 8 Schätze Reis

Stärkt Niere und Blase, Baut Qi auf, Stärkt die Milz, Vertreibt Feuchtigkeit, reduziert innere Hitze, beugt Krebs vor, baut Herz auf, beruhigt Nerven.
Kochzeit 1 Stunde
Kalorien p. Portion: 223
4 Portionen

**Zutaten:**

Lilienzwiebel 1 EL / 5g. - kühl - süß, bitter...................................................................*
Longane 1 EL / 5g. - warm - süß ........................................................... empfehlenswert
Weißwurz 1 EL / 5g. - neutral - süß, bitter...................................................................... ja
Yamswurzel, Yamswurzelknolle 1 EL / 5g. - neutral - süß.................................................. ja
Hiobsträne (Samen) YiYi Ren 1 EL / 5g. - kühl - süß, neutral .............................................. ja
Reis Wilder (Naturreis) 2 Tassen / 240g. - neutral - süß, bitter .............. empfehlenswert
Wasser 8-10 Tassen / 800g. - kühl - salzig ...................................................................... ja

**Kochanleitung:**
je 1 EL: Bai He (Lilienzwiebel), Longan (Longane/Drachenaugenfrucht), Yu Zhu (Wohlriechender Weißwurz-Wurzelstock), Da Zao, Shan Yao (Yamswurzel, Yamswurzelknolle), Lian Mi, Yi Yi Ren (Samen der Hiobsträne), Qian Shi (Makannasternsamen)

Mit heißem Wasser übergießen und ca. 30 Min einweichen. Anschließend: 1 – 2 Tassen Reis (normal) hinzufügen und ½ bis 1 Stunde köcheln, bis der Reis sehr weich ist. Oder: Mit Vollwertreis ca. 3 Stunden lang mit den Kräutern ein Congee kochen. Dann müssen die Kräuter nicht eingeweicht werden.

## 5.2 Adzukibohnen-Reis-Suppe

Reduziert Feuchtigkeit, leitet nach unten, reduziert Magen-Darm-Hitze, baut Essenz auf, stärkt Muskeln nach Hitze-Erkrankung: baut Körpersäfte auf.
Kochzeit 2 Sunden
Kalorien p. Portion: 199
1 Portion

**Zutaten:**

Adzukibohnen 8 EL / 40g. - neutral - süß, sauer ............................................... ja
Reis Rundkornreis 2 EL / 20g. - neutral - süß .......................... empfehlenswert
Wasser 2 Tassen / 200g. - kühl - salzig ......................................................... ja
Honig 1 EL / 8g. - kalt - süß.......................................... weniger als angegeben

**Kochanleitung:**

Eingeweichte Adzukibohnen und Rundkornreis im Verhältnis 4:1 so
lange bei kleiner Hitze in Wasser kochen, bis ein dünner Brei
entstanden ist. Nach Bedarf süßen; eventuell pürieren.
Wirkung: Dieses Rezept kräftigt Niere, Milz und Magen und ist
besonders für Mütter mit zu wenig Milchfluss geeignet.

## 5.3 Andalusischer Fischtopf

Stärkt Qi von Milz und Nieren, leitet nach unten, entspannt, baut Qi auf,
verteilt.
Kochzeit 30 Min.
Kalorien p. Portion: 348
4 Portionen
Allergene: ADLO

**Zutaten:**

Grundrezept für eine Gemüsebrühe nahrhaft 500 ml. / 500g. - neutral - * ...... ja
Zwiebel Frühlingszwiebel 2 Stück / 40g. - warm - scharf................................. ja
Olivenöl 1 EL / 20g. - kühl - süß ................................................................... ja
Zitrone Schale 1/2 Stück / 3g. - kühl - bitter ................................................. ja
Lorbeerblatt 1 Stück / 1g. - warm - scharf .................................................... ja
Kartoffel 200 g / 200g. - neutral - süß.......................................................... ja
Kabeljau 300 g. / 300g. - warm - salzig ......................................................... ja
Weißwein 4 EL / 80g. - kühl - süß, bitter, scharf....................................... wenig
Zitrone Saft 1/2 EL / 10g. - kalt - sauer........................ weniger als angegeben
Salz 1 Prise / 1g. - kalt - salzig ............................................................... wenig
Pfeffer gemahlen 1 Prise / 0,2g. - warm - scharf............................................ ja
Petersilie 1 EL / 15g. - warm - bitter ..........................................empfehlenswert
Weißbrot (Weizenbrot) 8 Scheiben / 250g. - kühl - süß ................................. ja

**Kochanleitung:**

Gemüsebrühe mit kleingeschnittenen Frühlingszwiebel, Olivenöl,
abgeriebener Zitronenschale und Lorbeerblatt zum Kochen bringen.
Brühe zugedeckt 10 Minuten kochen. Geschälte, kleingewürfelte
Kartoffeln dazugeben und in ca. 8 Minuten fast weich kochen.
Fischstücke und Weißwein dazugeben und auf kleine Hitze schalten. In

der leicht kochenden Brühe in wenigen Minuten den Fisch gar ziehen lassen. Mit Zitronensaft, Salz und Pfeffer abschmecken. Mit Petersilie bestreut servieren.
Weißbrot als Beilage reichen.

## 5.4 Apfelmus mit Rosinen

Nährt Säfte, reduziert Magenhitze, stärkt Milz, harmonisiert Magen. Befeuchtet, entspannt, baut Qi auf.
Kochzeit 25 Min.
Kalorien p. Portion: 74
10 Portionen
Allergene: O

### Zutaten:
Apfel (süß) 1 Kg / 1000g. - kühl - süß, sauer.................................................ja
Wasser 100 ml. / 100g. - kühl - salzig .........................................................ja
Rosinen 50 g. / 50g. - warm - süß ...............................................................ja

### Kochanleitung:
Die Äpfel waschen, schälen, vierteln und dabei das Kerngehäuse entfernen. Die Äpfel mit dem Wasser in einen Topf geben. Die Rosinen mit heißem Wasser waschen und dazugeben. Bei schwacher Hitze etwa 10 Minuten dünsten, dann abkühlen lassen. Für Kinder bis zu 10 Monaten das Mus im Mixer fein pürieren. Für die Größeren mit dem Kartoffelstampfer zerdrücken. In Tiefkühlbeutel oder in leere Joghurtbecher füllen und verschließen. Die Joghurtbecher verschließen. Im Schockgefrierfach einfrieren und bei Bedarf bei Zimmertemperatur etwa 6 Stunden auftauen lassen. (Ca. 4 Monate haltbar).
Das Obstmus ist als Nachtisch oder Zwischenmahlzeit gedacht. Es wirkt verdauungsfördernd. Bei Durchfall lieber Bananenmus geben.

## 5.5 Champignonreis

Stärkt Milz, baut Qi auf, leitet Hitze nach unten. Stärkt Magen-Qi. Kühlt Bluthitze.
Kochzeit 30 Min.
Kalorien p. Portion: 410
2 Portionen
Allergene: L

**Zutaten:**
Zwiebel weiss 1 Stück / 50g. - warm - scharf ..................................................ja
Lorbeerblatt 2 Stück / 1g. - warm - scharf ....................................................ja
Nelke 2 Stück / 1g. - warm - scharf ...................................................... wenig
Grundrezept für eine Gemüsebrühe nahrhaft 400 g. / 350g. - neutral - * ........ja
Reis Vollkorn 200 g / 200g. - warm - süß ...............................empfehlenswert
Champignon 60 g. / 60g. - kühl - süß ...........................................................ja
Petersilie 20 g. / 20g. - warm - bitter .....................................empfehlenswert
Pfeffer gemahlen 1 Prise / 0,2g. - warm - scharf .........................................ja

**Kochanleitung:**
Die Nelken in die Zwiebel stecken. Die Gemüsebrühe mit der Zwiebel und den Lorbeerblättern zum Kochen bringen. Den Reis in die kochende Flüssigkeit geben, Temperatur auf die kleinste Stufe zurückschalten und mit geschlossenem Deckel 20-25 Minuten garziehen.
In der Zwischenzeit die Champignons waschen, putzen, in Scheiben schneiden, mit wenig Wasser kurz andünsten oder anbraten. Die Petersilie waschen und fein hacken.
Aus dem fertigen Reis die Zwiebel herausnehmen, die Champignons und die Petersilie hinzugeben, mit Pfeffer abschmecken.

## 5.6 Curryreis mit Rosinen und Nüssen

Nährt Säfte, reduziert Magenhitze, stärkt Milz, produziert Essenz, harmonisiert Magen. Reduziert Kälte-Übel, weicht Knoten auf. Stärkt Nieren Yang.
Kochzeit 30 min.
Kalorien p. Portion: 275
4 Portionen
Allergene: HO

**Zutaten:**
Sonnenblumenöl 1 EL / 15g. - kühl - süß .....................................................ja
Zwiebel weiss 1 Stück / 50g. - warm - scharf ...............................................ja
Curry 1/2 TL / 2g. - warm - scharf ............................weniger als angegeben
Reis Wilder (Naturreis) 1 Tasse / 120g. - neutral - süß, bitter ...empfehlenswert
Salz 1 Prise / 1g. - kalt - salzig ............................................................ wenig
Weißwein 1/8 Liter / 125g. - kühl - süß, bitter, scharf ........................... wenig
Zitrone alternativ für Weisswein / 0g. - kalt - sauer .......weniger als angegeben
Rosenpaprika Pulver 1 Prise / 1g. - warm - ..................................................*
Apfel (süß) 2 Stück / 300g. - kühl - süß, sauer ............................................ja
Rosinen 2 EL / 25g. - warm - süß................................................................ja
Walnüsse 2 EL / 25g. - warm - süß ........................................empfehlenswert
Wasser 6 Tassen / 500g. - kühl - salzig ......................................................ja

**Kochanleitung:**
In einem heißen Topf, Öl erhitzen; kleingeschnittene Zwiebeln glasig dünsten; Curry dazugeben und kurz aufschäumen lassen; dann rohen Reis einige Minuten bei sanfter Hitze unter ständigem Rühren anbraten; Salz, einen Schuss Weißwein oder Zitronensaft, Rosenpaprika, süße Äpfel kleingeschnitten, Rosinen, gehackte, geröstete Nüsse dazugeben; mit heißem Wasser übergießen, bis alles gut bedeckt ist; köcheln, bis der Reis gar ist.
Passt zu: Karotten-Fenchel-Gemüse, Hülsenfrüchten mit gekochtem Gemüse, geschnetzeltem Geflügel mit Ingwer und Pilzen.

## 5.7   Datteln-Coco-Mandelmuss-Cous-Cous

Stärkt Yin.
Kochzeit 10 Min.
Kalorien p. Portion: 484
3 Portionen
Allergene: AHO

**Zutaten:**
Couscous 2 Tassen / 240g. - neutral - sauer ....................................................ja
Wasser 4 Tassen / 400g. - kühl - salzig ............................................................ja
Datteln getrocknet 6 Stück / 20g. - warm - süß ...............................................ja
Kokosflocken 3 EL / 30g. - warm - süß..............................................................ja
Mandelmus 2 EL / 20g. - neutral - süß ..............................................................ja
Olivenöl 2 TL / 20g. - kühl - süß .........................................................................ja
Apfel (süß) 1 Stück gerieben / 120g. - kühl - süß, sauer ...............................ja
Vanille 1 Messerspitze / 0,2g. - neutral - süß ..................................................ja
Chili (gemahlen) 1 Prise / 0,2g. - heiß - scharf..............weniger als angegeben

**Kochanleitung:**
Cous-Cous und Olivenöl in eine große Schüssel geben und mit kochendem Wasser übergießen. 10 Minuten quellen lassen. ....Datteln zerkleinern und Apfel reiben. Cous-Cous mit einer Gabel auflockern. Datteln, Kokosflocken, Apfel und Mandelmus untermischen. Süßen nach Geschmack. Gewürze und Aromen: Vanille, wenig Chili

Wintervariation: Birne, Sommervariation: Marille, Nektarine

## 5.8 Dinkelgrieß-Brei mit Beeren der Saison

Nährt Säfte, befeuchtet Trockenheit, Schwächezustände, produziert Körpersäfte, befeuchtet Darm, kühlt innere Hitze. Bewahrt die Säfte, zieht zusammen. Stärkt Mitte, nährt Herz und Leber-Blut, bewahrt die Säfte, zieht zusammen.
Kochzeit 15 Min.
Kalorien p. Portion: 244
2 Portionen
Allergene: AGH

**Zutaten:**
Kuhmilch (1,5 % Fett) 1/8 Liter / 125g. - neutral - süß............................. wenig
Wasser 1/8 Liter / 125g. - kühl - salzig ............................................................ ja
Dinkel Gries 5 EL / 50g. - neutral - süß ........................................................... ja
Butter Bio 2 TL / 20g. - neutral - süß ............................................................... ja
Beeren der Saison 100 g. / 100g. - neutral - süß, sauer ............................... ja
Honig 1-2 TL / 5g. - kalt - süß........................................weniger als angegeben
Mandeln 1-2 TL / 5g. - neutral - süß ................................................................ ja
Pfefferminze 3-4 Blätter / 2g. - kühl - scharf, bitter ....................................... ja
Zimtpulver 1 Prise / 0,5g. - heiß - scharf, süß ..............weniger als angegeben
Vanille 1 Prise / 0,2g. - neutral - süß .............................................................. ja
Kakao 1 Prise / 0,5g. - warm - süß, bitter ..................................empfehlenswert
Kokosraspeln 1 EL / 10g. - warm - süß ........................................................... ja

**Kochanleitung:**
Dinkelgrieß in kaltes Wasser einrühren und bei mittlere Hitze langsam aufkochen. Nach dem Aufkochen umrühren, vom Herd nehmen und einige Minuten quellen lassen. Je nach gewünschter Konsistenz ist eventuell noch etwas Wasser hinzuzufügen. Butter und geriebene Nüsse in den Brei einrühren und Himbeeren unterheben. Mit Honig oder Vollrohrzucker nach Belieben servieren.
Gewürze und Aromen: Frische Minze, Zimt oder Vanille, Kakao, Kokosraspel.
Sommer: Himbeeren, Heidelbeeren, Erdbeeren.

## 5.9 Ente mit Mungbohnen

Nährt Yin. Reduziert Hitze und Gift, weicht auf, leitet nach unten. Stärkt Magen und Leber, reguliert Qi-Fluss, bei, befeuchtet, entspannt, verteilt. Löst Stagnation.
Kochzeit 2 Stunden
Kalorien p. Portion: 747
5 Portionen
Allergene: E

**Zutaten:**
Ente (Frühmastente, schlachtfrisch) 1/2 Stück / 1250g. - kühl - süß, salzig
empfehlenswert
Zwiebel weiss 2 Stück / 120g. - warm - scharf ................................................ja
Karotte (Mohrrübe, Möhre) 1 Stück / 120g. - neutral - süß........empfehlenswert
Knoblauch 1 Zehe / 3g. - heiß - scharf.........................weniger als angegeben
Mungbohne 250 g. / 250g. - kühl - süß, salzig ................................................ja
Pfeffer Körner 3 Stück / 2g. - warm - scharf ...................................................ja
Honig 1 TL / 3g. - kalt - süß....................................weniger als angegeben
Sojasauce 1 TL / 3g. - kalt - salzig ......................................... wenig
Zitrone Saft 1 TL / 3g. - kalt - sauer............................weniger als angegeben
Salz 1 Prise / 1g. - kalt - salzig ................................................ wenig
Pfeffer gemahlen 1 Prise / 0,5g. - warm - scharf.............................................ja
Olivenöl 1 EL / 10g. - kühl - süß .......................................................ja
Lorbeerblatt 2 Blätter / 2g. - warm - scharf.....................................................ja
Schwarzkümmel 1 Prise / 1g. - warm - scharf, süß .........................................ja
Bohnenkraut 1 TL / 2g. - warm - bitter.........................................................ja

**Kochanleitung:**
Am Vortag die Mungbohnen einweichen und die Ente kalt abspülen.
Das Gemüse waschen, putzen und in grobe Stücke schneiden. Die
Enten und das Gemüse in einen Topf geben und knapp mit Wasser
bedecken. Lorbeerblätter, Bohnenkraut, Beifuß und Pfefferkörner
dazugeben. Bei mittlerer Hitze aufkochen und weitere 45 Minuten
kochen lassen. Ab und zu abschäumen. Die Ente aus dem Fond
nehmen, erkalten lassen und über Nacht kühl aufbewahren.

In einem Topf die gehackten Zwiebel in Olivenöl anschwitzen lassen
und mit 1/4 Liter Fond aufgießen und das vorgekochte Gemüse
hinzugeben. Die Mungbohnen hinzugeben und mit Honig, Sojasauce,
Zitronensaft, Salz, zerstoßenem Schwarzkümmel und Pfeffer
abschmecken.
Mit Reis oder Kartoffeln servieren.

## 5.10 Erbsengericht

Stärken die Mitte, diuretisch, harmonisiert Qi (v.a. im Mittleren und
Unteren Erwärmer), entgiftet, weicht auf, leitet nach unten. Stärkt Blut,
Yin und Jing, nährt Yin, befeuchtet bei innerer Trockenheit.
Kochzeit 1-2 Stunden
Kalorien p. Portion: 406
1 Portion
Allergene: CE

## Zutaten:

Erbsen 150 g. (getrocknete) / 150g. - neutral - süß, salzig.............................ja
Zitrone 1 Stück / 40g. - kalt - sauer ...............................weniger als angegeben
Wacholderbeere 5 Stück / 2g. - warm - süß, scharf, bitter ........empfehlenswert
Sonnenblumenöl 1 TL / 3g. - kühl - süß .........................................................ja
Pfeffer weiss (gemahlen) 1 Prise / 0,3g. - warm - scharf...............................ja
Lorbeerblatt 3 Blatt / 2g. - warm - scharf........................................................ja
Zwiebel weiss 1 Stück / 50g. - warm - scharf ..................................................ja
Thymian 1 TL / 2g. - warm - bitter ...................................................................ja
Ingwer frisch 1/2 TL / 1g. - warm - scharf................................................. wenig
Huhn Ei 1 Stück / 60g. - neutral - süß .....................................empfehlenswert
Wakame 3 cm. / 2g. - kalt - salzig ...................................................................ja
Salz 1 Prise / 1g. - kalt - salzig............................................................... wenig
Sojasauce nach Geschmack 1 Schuss / 2g. - kalt - salzig ...................... wenig

## Kochanleitung:

Getrocknete Erbsen in reichlich kaltem Wasser mehrere Stunden oder
über Nacht einweichen. Einweichwasser wegschütten und Erbsen
gründlich waschen.
Die Erbsen mit etwa 1 1/2 l kaltem Wasser aufsetzen und zum Kochen
bringen; ohne Deckel 5 Minuten kochen lassen; den Schaum, der sich
bildet, abschöpfen; erst dann folgende Zutaten zugeben: eine
Zitronenscheibe, Wacholderbeeren, Öl, Pfefferkörner, Lorbeerblätter,
kleingeschnittene Zwiebel, getrockneten Thymian, kleingeschnittenen
Ingwer, etwa 2 Streifen Wakame oder 1 EL Hijiki mit geschlossenem
Deckel auf kleinster Flamme 1 - 2 Stunden köcheln lassen; nach 1
Stunde probieren, ob die Erbsen schon weich sind, denn die Garzeit
verändert sich mit der Einweichzeit und dem Lageralter; wenn die
Erbsen gar sind, Zitronenscheibe, Wacholderbeeren und Pfefferkörner
entfernen; mit Salz, Sojasoße, Zitronensaft abschmecken.

Hinweis: Das Gericht kann 3- 4 Tage im Kühlschrank aufbewahrt und
portionsweise erwärmt werden.
Dazu passt: in Wasser gedünstetes knackiges Gemüse, Reis oder
Hirse.

## 5.11 Fruchtsuppe mit Kirschen, Logane und Lycii

Nährt Blut und Säfte, reguliert Qi, produziert Körpersäfte, beruhigt
Geist, stärkt Qi, unterstützt die Hautregeneration. Stärkt Milz, baut
Lunge auf, baut Herz auf, beruhigt Nerven. Befeuchtet Leber und Niere,
reduziert innere Hitze.
Kochzeit 10 Min.
Kalorien p. Portion: 190
2 Portionen

**Zutaten:**

Kirsche 100 g. / 100g. - warm - süß, sauer ...............................empfehlenswert
Longane 100 g. / 100g. - warm - süß ........................................empfehlenswert
Lychee 100 g. / 100g. - neutral - süß, sauer.................................................... *
Zitrone Saft 1/2 / 10g. - kalt - sauer..............................weniger als angegeben
Kirschsaft 1/8 Liter / 125g. - warm - sauer.............................empfehlenswert
Zucker Ursüße (Zuckerrohr) 2 EL / 20g. - kühl - süß................empfehlenswert
Reisstärke 5 g. / 5g. - neutral - süß ...............................................................ja
Wasser 1/4 Liter / 250g. - kühl - salzig ..........................................................ja
Acerola Fruchtnektar oder Pulver 1 TL / 2g. - warm - sauer.................... wenig

**Kochanleitung:**
Kirschen waschen, abtropfen lassen und entsteinen, Lychee und
Longane abschälen und entkernen. Wasser, Zucker, Früchte und
Zitronensaft aufkochen. Stärke mit Wasser glatt rühren. Unter Rühren
zu den Früchten gießen, 1 Min. aufkochen und auskühlen lassen.
Acerola darunter rühren.

# 5.12 Gelbe Linsensuppe

Reduziert innere Hitze und Feuchtigkeit, weicht auf, leitet nach unten.
Bewegt Qi und Blut, diuretisch, reduziert Feuchtigkeit. Stärkt Milz und
Leber, reguliert Qi-Fluss, baut Qi auf.
Kochzeit 20 min.
Kalorien p. Portion: 155
7 Portionen
Allergene: A

**Zutaten:**

Linsen gelb 1/2 Kg. / 500g. - neutral - süß, sauer ...........................................ja
Karotte (Mohrrübe, Möhre) 2 Stück / 150g. - neutral - süß........empfehlenswert
Kohlrabi 1 Stück / 300g. - neutral - scharf, süß ...............................................ja
Zwiebel weiss 1 Stück / 50g. - warm - scharf ..................................................ja
Petersilie 1/2 Bund / 100g. - warm - bitter ..............................empfehlenswert
Kurkuma (Gelbwurz) 1 Prise / 1g. - warm - bitter ...................................... wenig
Kardamom 1 Prise / 1g. - warm - scharf...........................................................ja
Salz 1 Prise / 1g. - kalt - salzig ................................................................ wenig
Olivenöl 1 EL / 10g. - kühl - süß .....................................................................ja
Wasser 1 Liter / 1000g. - kühl - salzig ............................................................ja
Zitrone Saft 1/2 Stück / 15g. - kalt - sauer....................weniger als angegeben
Weißbrot (Weizenbrot) 7 Scheiben / 140g. - kühl - süß ...................................ja

## Kochanleitung:

Linsen gut in einem Sieb waschen. In einem Topf Öl erhitzen. Fein geschnittene Zwiebel, in Scheiben geschnittene Karotten, in Würfel geschnittenen Kohlrabi und Gewürze kurz anbraten und salzen. Linsen dazu geben und mit Wasser bedecken und 20 Min köcheln lassen. Nach Bedarf Wasser dazu geben und mit Salz abschmecken. Mit frischer Petersilie oder frischem grünen Koriander bestreuen und mit Zitronensaft beträufeln.
Hier kann man auch rote Linsen verwenden. (gleiche Kochzeit).
Mit Brot servieren.

## 5.13 Gemüse-Grieß-Suppe

Stärkt Milz und Leber, reguliert Qi-Fluss, baut Qi auf, trocknet aus, leitet nach unten. Diuretisch, reduziert Feuchtigkeit. Reguliert Qi, trocknet aus, leitet nach unten.
Kochzeit 20 Min.
Kalorien p. Portion: 199
3 Portionen
Allergene: AEGL

### Zutaten:

Grundrezept für eine Gemüsebrühe nahrhaft 1/2 Liter / 500g. - neutral - * ..... ja
Kartoffel 1 Stück / 80g. - neutral - süß............................................................. ja
Pastinake 1 Stück / 180g. - kühl - bitter....................................empfehlenswert
Karotte (Mohrrübe, Möhre) 1 Stück / 120g. - neutral - süß........empfehlenswert
Sellerie Knolle 150 g. / 150g. - kühl - süß..............................empfehlenswert
Kohlrabi 1/2 Stück / 200g. - neutral - scharf, süß ............................................. ja
Bohnen (grün, frisch) 10 dag. / 100g. - neutral - süß....................................... ja
Weizen Gries 2 EL / 24g. - kühl - süß, salzig ................................................. ja
Liebstöckel 1/2 TL / 2g. - warm - scharf, bitter ........................................ wenig
Butter Bio 1 EL / 20g. - neutral - süß............................................................. ja
Sojasauce 1 TL / 3g. - kalt - salzig ........................................................ wenig

### Kochanleitung:

Vorbereitete Gemüsebrühe erhitzen; buntes Gemüse in der Brühe weich kochen. Etwas Weizengries einstreuen und quellen lassen. Am Schluss reichlich Liebstöckelgrün und etwas Butter unterrühren und mit Sojasoße abschmecken.

## 5.14 Gemüse-Kartoffel-Fleisch-Brei

Stärkt Milz und Leber, reguliert Qi-Fluss, befeuchtet, entspannt, baut Qi auf, verteilt. Stärkt Qi, lindert Entzündungen, befeuchtet, entspannt, baut Qi auf, verteilt.
Kochzeit 30 Min.
Kalorien p. Portion: 127
2 Portionen

**Zutaten:**
Kartoffel 100 g. / 100g. - neutral - süß..............................................................ja
Karotte (Frühkarotte) 200 g. / 200g. - neutral - süß.................empfehlenswert
Rind (Kalb) 40 g. / 40g. - neutral - süß .....................................................wenig
Marillensaft 6 EL / 60g. - warm - süß .......................................empfehlenswert
Rapsöl 1 EL / 6g. - neutral - süß ...................................................................ja

**Kochanleitung:**
Das Fleisch von Haut, Sehnen, Fettresten befreien, unter kühlem Wasser abwaschen und in kleine Stücke schneiden und in wenig Wasser gar kochen. Nach ca. 15-20 Minuten, herausnehmen und pürieren. Das Gemüse und die Kartoffeln waschen, schälen und in nicht zu kleine Stücke schneiden. Mit wenig Wasser auf kleiner Flamme in 10-20 Minuten weich kochen. Mit dem Pürierstab das Gemüse zerkleinern und alles vermischen. Alles mischen, Butter oder Öl und Obstsaft hinzu geben und nochmals pürieren.

Verwenden Sie abwechselnd andere Fleischsorten wie Huhn, Lamm oder Pute. Wechseln Sie auch beim Gemüse mit Zucchini, Kohlrabi, Fenchel, Kürbis, Pastinaken und Broccoli.

Wechseln Sie auch die Obstsäfte. Dadurch kann eine Vielfalt an Geschmacksrichtungen erzeugt werden.


## 5.15 Geröstete Nüsse

Stärken Nieren-Qi, -Essenz und Gehirn, stärkt Niere, baut Essenz auf, wärmt Lunge, befeuchtet den Darm, befeuchtet, entspannt, baut Qi auf, verteilt.
Kochzeit 5 Min.
Kalorien p. Portion: 973
2 Portionen
Allergene: H

**Zutaten:**

Haselnüsse 100 g. / 100g. - neutral - süß .......................................................... ja
Cashewnüsse 100 g. / 100g. - kühl - süß ........................................................... ja
Walnüsse 100 g. / 100g. - warm - süß ................................................empfehlenswert

**Kochanleitung:**
Nüsse in einer Pfanne ca. 5 Minuten rösten.

## 5.16 Gerstenschrotsuppe

Wirkt neutral bis leicht erwärmend und entspannt den Qi-Fluss. Hilft bei
Appetitlosigkeit und Durchfall durch Milz-Schwäche. Bei schwachem
Milz-Qi sollte man häufig salzige Suppen zum Frühstück essen.
Kochzeit 25 Min.
Kalorien p. Portion: 265
2 Portionen
Allergene: A

**Zutaten:**

Gerste 1 Tasse / 120g. - kühl - süß, etwas salzig ....................empfehlenswert
Salz 1 Prise / 1g. - kalt - salzig ................................................................ wenig
Ingwer frisch 1/2 TL / 1g. - warm - scharf ............................................... wenig
Olivenöl 1 EL / 10g. - kühl - süß .................................................................. ja
Petersilie 3 EL / 30g. - warm - bitter ....................................empfehlenswert
Wasser 2 Tassen / 240g. - kühl - salzig ...................................................... ja

**Kochanleitung:**
Gerste in der Pfanne trocken rösten, anschließend zu Schrot mahlen
und mit Wasser, etwas Salz und Ingwer zu einem Brei kochen. Vor dem
Servieren Öl und Petersilie unterheben.
Variante: Man kann dem Gericht noch einen besseren Geschmack
verleihen, wenn man es mit vorbereiteter Gemüse- oder Fleischbrühe
kocht.

## 5.17 Geschnetzeltes Huhn mit Walnüssen und Sherry

Erwärmend und nährend, leitet das Qi nach oben. Stärkt Blut, Milz und
Niere.
Kochzeit 25 Min.
Kalorien p. Portion: 304
4 Portionen
Allergene: EGHN

**Zutaten:**
Butter Bio 2 EL / 35g. - neutral - süß............................................................ja
Walnüsse 2 EL / 25g. - warm - süß...............................................empfehlenswert
Ingwer frisch 1/2 TL / 2g. - warm - scharf.................................................. wenig
Zwiebel Schalotte 2 Stück / 40g. - warm - scharf, süß....................................ja
Salz 1 Prise / 1g. - kalt - salzig................................................................ wenig
Huhn Fleisch 300 g. / 300g. - warm - süß....................................empfehlenswert
Rosenpaprika Pulver 1 Prise / 1g. - warm - ................................................... *
Sesam, Weißer 1 TL / 2g. - neutral - süß....................................empfehlenswert
Schwarzer Fungu Pilz 4 Stück / 3g. - neutral - süß.......................................ja
Shiitake, getrocknet 4 Stück / 5g. - neutral - süß..........................................ja
Sojasauce 1 Schuss / 3g. - kalt - salzig..................................................... wenig
Reis Vollkorn 1 Tasse / 120g. - warm - süß...............................empfehlenswert
Wasser 6 Tassen / 550g. - kühl - salzig.........................................................ja
Salz 1 Prise / 1g. - kalt - salzig................................................................ wenig

**Kochanleitung:**
In einer heißen Pfanne Butter oder Sesamöl erhitzen; Walnüsse,
reichlich geriebenen Ingwer, kleingeschnittene Schalotten oder
Zwiebeln sanft anbraten; Salz und das geschnetzelte Huhn dazugeben
und rundum anbraten; Rosenpaprika, gerösteten Sesam, eingeweichter
schwarze Fungu, Shiitakepilze oder Champignons dazugeben; mit
einem Schuss Sherry ablöschen; 5 - 10 Minuten köcheln lassen, bis
das Fleisch gar ist; mit Sojasoße abschmecken.

Den Reis im gesalzenen Wasser zustellen, aufkochen lassen und bei
kleiner Hitze ca. 15 Min. Quellen lassen.

Dazu passt: Feldsalat, Radicchio

## 5.18 Grundrezept für eine Gemüsebrühe nahrhaft

Stärkt Milz und Lunge, reguliert Qi-Fluss, baut Qi auf, trocknet aus,
leitet nach unten. Stärkt Magen-Qi.
Kochzeit 2-3 Stunden
Kalorien p. Portion: 48
5 Portionen
Allergene: L

**Zutaten:**
Olivenöl 1 EL / 4g. - kühl - süß......................................................................ja
Zwiebel weiss 1 Stück / 60g. - warm - scharf...................................................ja
Karotte (Mohrrübe, Möhre) 3 Stück / 200g. - neutral - süß........empfehlenswert
Pastinake 150 g. / 150g. - kühl - bitter.......................................empfehlenswert

Sellerie Knolle 1 Tasse / 100g. - kühl - süß.............................empfehlenswert
Ingwer frisch 1/2 TL / 2g. - warm - scharf................................. wenig
Zitrone 1/2 Stück / 25g. - kalt - sauer ...........................weniger als angegeben
Wacholderbeere 6 Stück / 6g. - warm - süß, scharf, bitter ........empfehlenswert
Thymian getrocknet 1 Prise / 1g. - warm - bitter...............................ja
Liebstöckel 1 EL / 3g. - warm - scharf, bitter ............................. wenig
Lorbeerblatt 2 Blätter / 1g. - warm - scharf..................................ja
Salz 1 Prise / 1g. - kalt - salzig................................................. wenig
Wasser 3/4 Liter / 650g. - kühl - salzig ........................................ja

## Kochanleitung:

Gemüse würfelig schneiden. In heißem Topf Öl erhitzen, Zwiebel und
Gemüse anbraten, Ingwer und Lorbeer dazugeben. Mit kaltem Wasser
aufgießen, Zitronensaft zugeben. Mit Wacholder, Thymian und
Liebstöckel würzen. 2 – 3 Stunden auf kleiner Flamme zugedeckt
köcheln. Das verwendete Gemüse soll weggeworfen werden. Das
Grundrezept dient als Suppengrundlage und zur Verfeinerung von
Gemüse, Hülsenfrüchte oder Getreide. Wollen Sie gleich
Gemüsesuppe essen, geben Sie eine halbe Stunde vorher das
gewünschte Gemüse dazu.

## 5.19 Grundrezept für eine Hühnerbrühe wärmend

Stärkt Qi und Blut; ist sehr wärmend.
Kochzeit 2-3 Stunden
Kalorien p. Portion: 90
9 Portionen
Allergene: L

## Zutaten:

Huhn Fleisch 1/2 Stück / 600g. - warm - süß ...........................empfehlenswert
Karotte (Mohrrübe, Möhre) 2 Stück / 150g. - neutral - süß........empfehlenswert
Lauch (Porree) 1 Stange / 45g. - warm - scharf ...................................... wenig
Sellerie Knolle 1 Stück / 500g. - kühl - süß.............................empfehlenswert
Ingwer frisch 2 Scheiben / 2g. - warm - scharf ...................................... wenig
Bockshornklee 1 TL / 2g. - neutral -  .................................................ja
Wacholderbeere 1 TL / 3g. - warm - süß, scharf, bitter .............empfehlenswert
Lorbeerblatt 3 Stück / 2g. - warm - scharf .....................................................ja
Wasser 1 Liter / 900g. - kühl - salzig ..........................................................ja

## Kochanleitung:

Hühnerteile vom Fett befreien, in einem Topf mit heißem Wasser geben
und kurz aufkochen lassen, entstehenden Schaum abschöpfen. Grob
geschnittenes Gemüse und alle Gewürze zugeben und 2 – 3 Stunden
bei mittlerer Hitze kochen. Fertige Suppe abseihen. Gemüse und

Knochen wegwerfen. Tipp: Wenn Sie das Fleisch als Suppeneinlage weiter verwenden möchten, nach 45 Minuten rausnehmen und nur die Knochen in die Suppe zurückgeben.

## 5.20 Grundrezept für eine Reissuppe (Congee)

Wärmt Magen und Milz, harmonisiert den Darm, stärkt Qi-Funktion, reduziert Feuchtigkeit.
Kochzeit 2-4 Stunden
Kalorien p. Portion: 140
3 Portionen

**Zutaten:**
Reis Sorte beliebig 1 Tasse / 120g. - warm - süß .................... empfehlenswert
Wasser 6 Tassen / 700g. - kühl - salzig ........................................................ ja

**Kochanleitung:**
Man kocht Reis und Wasser in einem Verhältnis von etwa 1:6. Die Menge des Wassers bestimmt die Dicke des Breis (reine Geschmackssache). Der Reis quillt unwahrscheinlich auf, nehmen Sie also nicht viel. Geben Sie den Reis in einen Topf mit einem schweren Deckel. Wichtig ist, den Reis nach kurzem Aufkochen nur auf kleinster Flamme köcheln zu lassen, da er sonst anbrennt. Kochen Sie den Reis 2-4 Stunden. Je länger er kocht, umso mehr stärkt er. Wenn Sie das Gericht zum Frühstück essen möchten, können Sie den Reis auch kurz vor dem Zubettgehen aufsetzen. Sicherheitshalber sollten Sie vorher einmal unter Beobachtung für eine ähnlich lange Zeit das Verhalten Ihres Topfes und Herdes prüfen, damit nichts anbrennt.

## 5.21 Hirse mit Ei und Butter

Stärkt Blut, Yin und Jing, nährt Yin, befeuchtet bei innerer Trockenheit, stärkt Blut, stärkt Milz, beruhigt Nerven und Magen. Stärkt Milz und Niere, diuretisch. Stärkt Qi und Nieren-Jing, befeuchtet, entspannt, baut Qi auf, verteilt.
Kochzeit 25 Min.
Kalorien p. Portion: 338
2 Portionen
Allergene: CG

**Zutaten:**

Hirse 1 Tasse / 100g. - kühl - süß, salzig ..................................................... ja
Ingwer frisch 1/2 TL / 1g. - warm - scharf............................................. wenig
Salz 1 Prise / 0,5g. - kalt - salzig............................................................ wenig
Petersilie 2 EL / 16g. - warm - bitter.........................................empfehlenswert
Rosenpaprika 1 Prise / 1g. - warm - bitter................................................... *
Huhn Ei 2 Stück / 100g. - neutral - süß ...................................empfehlenswert
Butter Bio 2 EL / 20g. - neutral - süß......................................................... ja
Muskatnuss 1 Prise / 0,2g. - warm - scharf ..................weniger als angegeben
Wasser 2 Tassen / 200g. - kühl - salzig ..................................................... ja

**Kochanleitung:**
Die Hirse mit dem Ingwer und Muskatnuss im Wasser kochen. 1
weiches Ei pro Person kochen und schälen; die Hirse auf Tellern
auftürmen und je 1 Ei in eine Mulde im Hiseberg legen; Butterflöckchen
darüber geben. Mit gehackter Petersilie und dem Rosenpaprika
bestreuen.

# 5.22 Hirsebrei mit gedünsteten Birnen

Befeuchtet Lunge, kühlt Hitze, reduziert Lungenschleim, produziert
Körpersäfte, befeuchtet, entspannt, baut Qi auf, verteilt. Stärkt Milz und
Niere, diuretisch.
Kochzeit 25 Min.
Kalorien p. Portion: 235
3 Portionen

**Zutaten:**

Hirse 1 Tasse / 100g. - kühl - süß, salzig ..................................................... ja
Wasser 2 Tassen / 220g. - kühl - salzig ....................................................... ja
Kardamom 1 Prise / 0,5g. - warm - scharf.................................................... ja
Birne 1-2 Stk. Bio / 250g. - kühl - süß, sauer................................................ ja
Salz 1 Prise / 0,2g. - kalt - salzig ........................................................... wenig
Traubensaft rot 1/4 Liter / 250g. - neutral - süß, sauer.............empfehlenswert
Zimtpulver 1 Prise / 0,2g. - heiß - scharf, süß ...............weniger als angegeben
Nelke 2 Stück / 0,4g. - warm - scharf ...................................................... wenig
Zitrone Saft 1 EL / 8g. - kalt - sauer ............................weniger als angegeben

**Kochanleitung:**
Hirse unter ständigen rühren rösten bis sie duftet, Topf kurz abkühlen. 2
Tassen heißes Wasser u. Gewürze dazugeben, auf kl. Flamme
zugedeckt, mit dem Kardamom und einer Prise Salz 20 min. köcheln
lassen.

1-2 bio. Birnen vierteln, Kerngehäuse entfernen, auf Wunsch schälen, circa ¼ L roten Traubensaft, restl. Zutaten (Zimtstange, Nelken, Zitronensaft und eine Prise Salz) dazugeben und einige Minuten zugedeckt weich dünsten.

## 5.23 Hühnersuppe mit Angelikawurzel und Bocksdornfrüchten

Stärkt Milz und nährt das Blut und das Yin der Leber. Stärkt Qi und Blut; ist sehr wärmend.
Kochzeit 1 1/2 Stunden
Kalorien p. Portion: 77
3 Portionen
Allergene: LO

### Zutaten:
Grundrezept für eine Hühnerbrühe wärmend 1/2 Liter / 500g. - warm - * ...................... ja
Angelikawurzel 5 g. / 5g. - - ................................................................................ ja
Bocksdornfrüchte (Lycii) getrocknet 50 g. / 50g. - kühl - süß, sauer ........ empfehlenswert

### Kochanleitung:
Hühnerbrühe laut Grundrezepte. In den letzten 40 Minuten Angelikawurzel und Bocksdornfrüchte mitkochen.
Einnahme: Täglich 2-3 Tassen Brühe trinken.

## 5.24 Hühnersuppe mit Eigelb und Petersilie

Stärkt Qi und Blut; ist sehr wärmend. Nährt Blut und Leber, harmonisiert Leber und Milz, stärkt Sehkraft, bewahrt die Säfte, zieht zusammen.
Kochzeit 10 Min.
Kalorien p. Portion: 118
2 Portionen
Allergene: CL

### Zutaten:
Grundrezept für eine Hühnerbrühe wärmend 1/2 Liter / 500g. - warm - * ........ ja
Huhn Eigelb 1 Stück / 10g. - neutral - süß ...................................................... ja
Petersilie 1 EL / 10g. - warm - bitter .......................................... empfehlenswert

### Kochanleitung:
Brühe erhitzen und das Eigelb versprudeln. Die gehackte Petersilie drüberstreuen und ca. 2 Min. ziehen lassen. In kleinen Schlucken trinken.

## 5.25 Hühnersuppe mit Grünkern, Petersilie und Sake

Stärkt Qi und Blut; ist sehr wärmend. Nährt Leber-Blut, bewahrt die Säfte, zieht zusammen. Zerstreut und bewegt Qi, befeuchtet, reduziert Kälte-Übel, weicht Knoten auf.
Kochzeit 1 1/2 Stunden
Kalorien p. Portion: 150
2 Portionen
Allergene: AL

**Zutaten:**
Grundrezept für eine Hühnerbrühe wärmend 1/2 Liter / 500g. - warm - *........ja
Grünkern 4 EL / 30g. - warm - sauer....................................................... wenig
Petersilie 2 EL / 14g. - warm - bitter ...........................................empfehlenswert
Sake 1 Schuss / 2g. - warm - süß, bitter, scharf........................................ja

**Kochanleitung:**
Die Zutaten in der Suppe 10 min. ziehen lassen.


## 5.26 Indische Dalsuppe

Reduziert innere Hitze und Feuchtigkeit, weicht auf, leitet nach unten. Stärkt Milz und Leber, reguliert Qi-Fluss, befeuchtet, entspannt, baut Qi auf, verteilt, stärkt Leber und Niere,
reduziert feuchte Hitze.
Kochzeit 30 Min.
Kalorien p. Portion: 256
2 Portionen
Allergene: EN

**Zutaten:**
Linsen (Helmbohnen) 175 g. / 175g. - neutral - süß, sauer ............................ja
Sesamöl 3 EL / 30g. - kühl - süß ................................................................ja
Karotte (Mohrrübe, Möhre) 1 Stück / 100g. - neutral - süß........empfehlenswert
Zwiebel Schalotte 1 Stück / 15g. - warm - scharf, süß .................................ja
Wasser 2 Tassen / 200g. - kühl - salzig .......................................................ja
Ingwer frisch 2 Scheiben / 1g. - warm - scharf ........................................ wenig
Salz 1 Prise / 0,5g. - kalt - salzig .............................................................. wenig
Sojasauce 1 TL / 3g. - kalt - salzig ........................................................... wenig
Petersilie 1 TL gehackte / 3g. - warm - bitter..........................empfehlenswert
Thymian 1 TL / 3g. - warm - bitter ...............................................................ja
Basilikum 1 EL / 5g. - warm - scharf, bitter.....................................................ja

**Kochanleitung:**
Linsen über Nacht einweichen; in einen heißen Topf Öl geben; Karotte, Zwiebel, etwas Ingwer andünsten mit Wasser aufgießen; Linsen zugeben und weich kochen; Salz oder Sojasoße zugeben und weitere 10 Minuten kochen; vor dem Servieren Petersilie unterheben; Thymian oder Basilikum drüberstreuen.
Variante: Andere Kräuter wie Salbei, Rosmarin oder Liebstöckel ermöglichen eine Vielfalt von Geschmacksnuancen.

## 5.27 Japanische Algensuppe

Stärkt Milz und Leber, reguliert Qi-Fluss, befeuchtet, entspannt, baut Qi auf, verteilt. Nährt Lunge und Milz, vertreibt Schleim, löst Schleim, löst Stagnation, leitet nach oben. Bewegt Qi und Yang.
Kochzeit 20 Min.
Kalorien p. Portion: 47
3 Portionen

**Zutaten:**
Wakame 25 g. / 25g. - kalt - salzig .................................................................ja
Wasser 1/2 Liter / 450g. - kühl - salzig .............................................................ja
Zwiebel Schalotte 1-2 Stk. / 30g. - warm - scharf, süß ..........................................ja
Rettich (weiß, grün, lila-rot) 50 g. / 50g. - kühl - süß, scharf............................ja
Karotte (Mohrrübe, Möhre) 2 Stück / 180g. - neutral - süß........empfehlenswert
Miso 2 EL / 20g. - neutral - salzig ....................................................................ja
Petersilie 2 EL / 20g. - warm - bitter...........................................empfehlenswert
Zwiebel Frühlingszwiebel 1 EL geschnitten / 10g. - warm - scharf.................ja

**Kochanleitung:**
Wakame einige Minuten in Wasser einweichen, herausnehmen und das Wasser zum Kochen bringen. Fein geschnittene Zwiebeln und in feine Streifen geschnittene Wakame, Rettich und Karotten zugeben und weitere 10 Minuten köcheln. Miso in etwas abgekühltem Kochwasser lösen und am Ende dazugeben. Mit Petersilie und Frühlingszwiebeln bestreuen.

## 5.28 Karotten- Reisschleimsuppe

Wärmt Magen und Milz, harmonisiert den Darm, stärkt Qi-Funktion, reduziert Feuchtigkeit. Stärkt Milz und Leber, reguliert Qi-Fluss, befeuchtet, entspannt, baut Qi auf, verteilt.
Kochzeit 10 Min.
Kalorien p. Portion: 101
1 Portion

**Zutaten:**
Grundrezept für eine Reissuppe (Congee) 1 Tasse / 120g. - neutral - süß.....ja
Karotte (Mohrrübe, Möhre) 2 Stück / 100g. - neutral - süß........empfehlenswert
Salz 1 TL / 4g. - kalt - salzig ................................................................ wenig

**Kochanleitung:**
Karotten schälen und reiben. Die Reissuppe aufkochen und die
geriebenen Karotten und Salz dazugeben. 10 Minuten kochen.

## 5.29 Karotten-Reis mit Hühnerfleisch

Stärkt Milz und Leber, reguliert Qi-Fluss, befeuchtet, entspannt, verteilt.
Stärkt Qi, Blut und Jing, Mittleren Erwärmer, baut Milz und Magen auf,
stärkt Qi-Funktion, reduziert Feuchtigkeit. Kühlt Hitze, nährt Säfte.
Kochzeit 30 Min.
Kalorien p. Portion: 116
2 Portionen
Allergene: G

**Zutaten:**
Karotte (Frühkarotte) 150 g. / 150g. - neutral - süß..................empfehlenswert
Huhn Fleisch 40 g. / 40g. - warm - süß ...................................empfehlenswert
Butter Bio 2 TL / 6g. - neutral - süß...........................................................ja
Wasser 250 ml. / 250g. - kühl - salzig .........................................................ja
Reis Rundkornreis 30 g. / 30g. - neutral - süß........................empfehlenswert
Orangensaft 2 EL / 20g. - kalt - sauer, süß ............................................ wenig

**Kochanleitung:**
Die Karotten putzen, waschen und schälen und auf einer Reibe grob
raspeln. Das Hühnerbrustfilet in kleine Würfel schneiden, in 1 Teelöffel
Butter andünsten, die Karotten und den Reis dazugeben. Mit 1/4 1
Wasser aufgießen, zum Kochen bringen und bei schwacher Hitze in
etwa 20 Minuten garen. Den Karottenreis in einen Warmhalteteller
füllen, die restliche Butter und den Orangensaft unterziehen.

## 5.30 Karotten-Risotto

Stärkt Magen, Milz und Leber, reguliert Qi-Fluss, entspannt, baut Qi
auf, verteilt. trocknet aus, leitet nach unten. Stärkt Magen-Qi. Nährt Blut
und Leber, harmonisiert Leber und Milz, stärkt Sehkraft, bewahrt die
Säfte, zieht zusammen.
Kochzeit 45 Min.
Kalorien p. Portion: 308

2 Portionen
Allergene: GL

## Zutaten:

Olivenöl 1/2 EL / 5g. - kühl - süß ................................................................ja
Zwiebel Frühlingszwiebel 2 EL / 7g. - warm - scharf ...................................ja
Muskatnuss 1 Prise / 0,3g. - warm - scharf ...................weniger als angegeben
Petersilie 1/2 Bund / 25g. - warm - bitter ..............................empfehlenswert
Reis Sorte beliebig 100 g. / 100g. - warm - süß ......................empfehlenswert
Karotte (Mohrrübe, Möhre) 250 g. / 250g. - neutral - süß.........empfehlenswert
Grundrezept für eine Gemüsebrühe nahrhaft 300 ml. / 280g. - neutral - * ......ja
Fenchelsamen gemahlen 1/4 TL / 1g. - warm - .................................... wenig
Basilikum (frisch) 1/2 TL / 2g. - warm - scharf, bitter ....................................ja
Salz 1 Prise / 1g. - kalt - salzig ...................................................... wenig
Pfeffer gemahlen 1 Prise / 0,3g. - warm - scharf.............................................ja
Parmesan 1 EL / 10g. - salzig - süß ...................................................... wenig

## Kochanleitung:

In einem flachen Pfanne das Öl erhitzen, Zwiebeln darin glasig und
sehr weich dünsten. Petersilie dazugeben, kurz andünsten. Reis,
Karotten und Muskat dazugeben, unter Rühren kurz andünsten. Mit der
Gemüsebrühe aufgießen, mit Fenchel und Basilikum würzen, zum
Kochen bringen und ca. 20 Minuten kochen, bis Reis und Karotten gut
durch sind. Dabei ab und zu umrühren und bei Bedarf etwas
Gemüsebrühe nachgießen. Das Risotto soll leicht suppig sein. Kurz vor
Ende der Garzeit den Weißwein untermischen und
das Risotto noch kurz köcheln. Risotto vom Herd nehmen, Parmesan
untermischen

# 5.31 Karpfensuppe

Nährend und leicht erwärmend, stärkt die Mitte und den Unteren
Erwärmer entfernt Feuchtigkeit.
Kochzeit 2 Stunden
Kalorien p. Portion: 166
6 Portionen
Allergene: DO

## Zutaten:

Karpfen 500 g. / 500g. - neutral - salzig ....................................empfehlenswert
Salz 1 Prise / 1g. - kalt - salzig ...................................................... wenig
Essig (Apfelessig) 1 TL / 3g. - warm - sauer, bitter ................................. wenig
Thymian 1 Zweig / 3g. - warm - bitter.............................................................ja
Wacholderbeere 8 Stück / 3g. - warm - süß, scharf, bitter .......empfehlenswert

Karotte (Mohrrübe, Möhre) 2 Stück / 200g. - neutral - süß........empfehlenswert
Lauch (Porree) 1 Stück / 200g. - warm - scharf..................................... wenig
Zwiebel weiss 1 Stück / 60g. - warm - scharf ..................................................ja
Ingwer frisch 1/2 TL / 2g. - warm - scharf.................................................. wenig
Lorbeerblatt 3 Blatt / 1g. - warm - scharf ........................................................ja
Weißwein 1/8 Liter / 125g. - kühl - süß, bitter, scharf.............................. wenig
Basilikum 3 Blatt / 1g. - warm - scharf, bitter ................................................ja
Wasser 1 Liter / 800g. - kühl - salzig ..............................................................ja

**Kochanleitung:**
Vorbereitung: Beim Einkauf im Fischgeschäft die Filets von einem
mittelgroßen, ganzen Karpfen herauslösen und Fischkopf, Rückgrat mit
Gräten und Schwanz ebenfalls einpacken lassen.

Die Filetstücke in 1 cm große Würfel schneiden; etwas salzen und
beiseite stellen.

Fischkopf, Rückgrat mit Gräten und Schwanz des Karpfens in reichlich
kaltes Wasser geben; zum Kochen bringen und den Schaum
abschöpfen; einen Spritzer Essig, einen frischen Zweig Thymian,
Wacholderbeeren zufügen; Karotte, ein Stück Lauch und grob
zerkleinerte Zwiebel hineingeben; eine dicke Scheibe Ingwer, einige
Pfefferkörner, 1 Lorbeerblatt, Salz zugeben; etwa 1 1/2 Stunden
köcheln und den Fond durch ein Sieb gießen.

Die Karpfenstücke in einen Topf geben; einen Schuss Weißwein
zugießen; Rosenpaprika, Basilikumblättchen, fein gestiftete Karotten,
getrockneten Thymian und den Fond zugeben und erwärmen; die
Zutaten etwa 5 Minuten sieden lassen, bis die Fischstücke gar sind.
Varianten: Die Suppe mit Kuzu oder Kartoffelbrei andicken.
Dazu passt: Baguette und trockener Weißwein.


# 5.32 Kartoffel-Gnocchi mit Gemüse und Basilikumsoße

Stärkt Milz und Leber, reguliert Qi-Fluss, entspannt, baut Qi auf, verteilt.
trocknet aus, leitet nach unten. Stärkt Magen-Qi, stärkt Milz, lindert
Entzündungen. Nährt Lungen-Yin, produziert Körpersäfte.
Kochzeit 1 Stunde
Kalorien p. Portion: 167
4 Portionen
Allergene: ACGL

## Zutaten:

Kartoffel 250 g. / 250g. - neutral - süß............................................................ja
Weizen Mehl 25 g. / 25g. - kühl - süß, salzig.................................................ja
Weizen Gries 15 g. / 15g. - kühl - süß, salzig................................................ja
Huhn Eigelb 1 Stück / 20g. - neutral - süß.....................................................ja
Muskatnuss 1 Prise / 0,2g. - warm - scharf...................weniger als angegeben
Grundrezept für eine Gemüsebrühe nahrhaft 250 ml. / 250g. - neutral - *......ja
Sellerie Knolle 50 g. / 50g. - kühl - süß ...............................empfehlenswert
Zitrone Schale 1/2 TL / 2g. - kühl - bitter ......................................................ja
Ingwer frisch 1/2 TL / 2g. - warm - scharf............................................. wenig
Muskatnuss 1 Prise / 0,2g. - warm - scharf...................weniger als angegeben
Basilikum (frisch) 1 Bund / 125g. - warm - scharf, bitter...............................ja
Creme fraîche 1 EL / 20g. - neutral - süß.............................................. wenig
Salz 1 Prise / 1g. - kalt - salzig ............................................................. wenig
Pfeffer gemahlen 1 Prise / 0,2g. - warm - scharf..........................................ja
Karotte (Mohrrübe, Möhre) 100 g. / 100g. - neutral - süß.........empfehlenswert
Zucchini 100 g. / 100g. - kühl - süß................................................................ja
Blumenkohl (Karfiol) 100 g. / 100g. - kühl - süß.............................................ja
Brokkoli 100 g. / 100g. - kühl - süß................................................................ja
Salz 1 Prise / 1g. - kalt - salzig ............................................................. wenig

## Kochanleitung:

Kartoffeln in der Schale weich dämpfen, abziehen und heiß durch die
Kartoffelpresse passieren. Die heißen Kartoffeln mit Mehl, Grieß, Ei,
Muskat und Salz zu einem glatten Teig verarbeiten. Teig 3o Minuten
rasten lassen.
Aus dem Teig mit mehlbestäubten Händen kleine Röllchen (2 cm)
formen, davon 1 cm dünne Scheibchen abschneiden. Damit die
typische Gnocchiform entsteht, die Teigscheibchen mit dem Daumen
leicht eindellen. Gnocchi in leicht kochendem Salzwasser 6 - 8 Minuten
ziehen lassen. Gnocchi mit dem Schaumlöffel aus dem Topf heben.

Gemüsebrühe zum Kochen bringen. Würfelig geschnittenen Sellerie,
geriebene Zitronenschale, feingehackten Ingwer und 1 gute Prise
Muskat dazugeben. Zugedeckt ca. 10 Minuten köcheln. Mit dem
Mixstab Gemüsebrühe, Sellerie, gehackten Basilikum und Creme
fraîche zu einer glatten Soße pürieren. Mit Salz und Muskat
abschmecken.

Karotten, Zucchini, Blumenkohl und Brokkoli kleinschneiden und
zugedeckt in einem Siebeinsatz über Wasserdampf in 8 Minuten
bissfest garen.
Soße nochmals erhitzen und zum Gemüse geben und über die Gnocchi
anrichten.

## 5.33 Klassisches Ingwerhuhn mit Reiswein

Erwärmend und nährend, leitet das Qi nach oben stärkt die Libido.
Empfehlung: bei Qi- und Yang-Schwäche von Milz, Herz und Nieren,
bei Lungen-Qi-Mangel, Feuchtigkeit; bei Abwehrschwäche,
Kälteempfindlichkeit, Antriebsschwäche.
Kochzeit 30 Min.
Kalorien p. Portion: 357
4 Portionen
Allergene: GO

### Zutaten:
Butter Bio 3 EL / 30g. - neutral - süß............................................................ja
Ingwer frisch 2 EL / 18g. - warm - scharf.................................................. wenig
Salz 1 Prise / 0,5g. - kalt - salzig ............................................................. wenig
Huhn Fleisch 2 Stück (Beine) / 500g. - warm - süß...................empfehlenswert
Lycheelikör 1 Schuss / 2g. - kühl - süß, sauer................................................ *
Curry 1 Prise / 1g. - warm - scharf .............................weniger als angegeben
Sake 1 Schuss / 1g. - warm - süß, bitter, scharf...........................................ja
Mais 4 EL / 30g. - neutral - süß...................................................................ja
Hirse 1/2 Tasse / 50g. - kühl - süß, salzig ..................................................ja
Wasser 2 Tassen / 200g. - kühl - salzig .....................................................ja
Salz 1 Prise / 0,5g. - kalt - salzig ............................................................. wenig
Kopfsalat 1/2 Stück / 100g. - kühl - süß, bitter...........................................ja
Olivenöl 1 EL / 10g. - kühl - süß .................................................................ja
Essig (Apfelessig) 1 TL / 3g. - warm - sauer, bitter ................................. wenig
Wasser 2 EL / 20g. - kühl - salzig................................................................ja
Salz 1 Prise / 0,5g. - kalt - salzig ............................................................. wenig
Kräuter verschiedene 1 EL / 8g. - - *...........................................................ja

### Kochanleitung:
In einer heißen Pfanne (am besten aus Gusseisen oder Emaille) Butter
erhitzen; reichlich kleingeschnittenen Ingwer (etwa 1 gehäuften EL pro
Hühnerbein) bei niedriger Hitze kurz anbraten; etwas Salz,
Hühnerschlegel und/oder andere Teile vom Huhn rundherum bei
sanfter Hitze anbraten; Lycheelikör oder Ahornsirup, wenig Curry
dazugeben und kurz mitbraten; reichlich Sake unterrühren; Maiskörner
(aus dem Glas, Naturkosthandel) dazugeben; alle Zutaten in der Soße
einige Minuten sieden lassen, bis das Fleisch gar ist; mit Salz
abschmecken.

Dazu passt: Hirse, Blattsalat oder Kopfsalat.

## 5.34 Kokosreis mit Kardamom

Stärkt Lunge und Milz, diuretisch, stärkt Qi, schützt Leber. Stärkt Magen und Milz, stärkt Muskeln, reduziert Feuchtigkeit. Stärkt Qi und Nieren-Jing. Stärken Qi von Herz und Lunge, löscht Durst, treibt Harn.
Kochzeit 45 Min.
Kalorien p. Portion: 266
4 Portionen
Allergene: GO

**Zutaten:**
Reis Langkornreis 1 Tasse / 120g. - neutral - süß ....................empfehlenswert
Wasser 6 Tassen / 400g. - kühl - salzig ............................................ja
Zucker Ursüße (Zuckerrohr) 1 EL / 10g. - kühl - süß.................empfehlenswert
Kardamom 1 TL / 2g. - warm - scharf.................................................ja
Ingwer frisch 1/2 TL / 2g. - warm - scharf................................... wenig
Butter Bio 2 EL / 20g. - neutral - süß................................................ja
Kokosraspeln 2 EL / 16g. - warm - süß...............................................ja
Cashewnüsse 1 EL / 8g. - kühl - süß ..................................................ja
Rosinen 1 EL / 8g. - warm - süß........................................................ja
Salz 1 Prise / 0,5g. - kalt - salzig ................................................. wenig
Zitrone 1/2 Stück / 15g. - kalt - sauer ..........................weniger als angegeben
Kürbis 300 g. / 300g. - warm - süß ....................................................ja
Olivenöl 2 EL / 20g. - kühl - süß ......................................................ja
Koriander 1 Prise / 0,2g. - warm - scharf............................................ja
Pfeffer gemahlen 1 Prise / 0,2g. - warm - scharf...................................ja
Curry 1 Prise / 0,5g. - warm - scharf ...........................weniger als angegeben
Wasser 50 ml. / 50g. - kühl - salzig ...................................................ja
Salz 1 Prise / 0,5g. - kalt - salzig ................................................. wenig
Petersilie 1 EL / 8g. - warm - bitter.............................................empfehlenswert
Kardamom 1 Prise / 0,2g. - warm - scharf...........................................ja
Kurkuma (Gelbwurz) 1 Prise / 0,2g. - warm - bitter ............................... wenig

**Kochanleitung:**
Vorbereitung: Langkornreis in kaltem Wasser 1 Stunde einweichen und abtropfen lassen.

Danach: Frisches Wasser zum Kochen bringen; etwas Vollrohrzucker, reichlich gemahlenen Kardamom oder einige Kardamomkapseln, geriebenen Ingwer und den Reis ins heiße Wasser geben und gar kochen.

Separat: In einem heißen Topf etwas Butter erhitzen; Kokosraspel, Cashewkerne und Rosinen darin rösten; den gekochten Reis und Salz dazugeben; Zitronensaft darüber träufeln; alles vermengen und einige

Minuten durchziehen lassen.

Kürbisgemüse: Olivenöl in Pfanne erwärmen. Kürbis in Würfel geschnitten darin andünsten, würzen mit Koriander, Pfeffer und Curry, ablöschen mit wenig Wasser, mit Meersalz salzen, klein geschnittene Petersilie dazugeben mit Kardamom und Kurkuma würzen, auf kleinem Feuer ca. 10 Min. köcheln, je nach Kürbisart, der Kürbis sollte noch bissfest sein.

## 5.35 Kürbisschnitzel mit Gewürzreis

Stärkt Lunge und Milz, diuretisch, stärkt Qi, schützt Leber. Wärmt Magen und Milz, harmonisiert den Darm, stärkt Qi-Funktion, reduziert Feuchtigkeit. Leitet nach oben.
Kochzeit 45 Min.
Kalorien p. Portion: 438
4 Portionen
Allergene: AG

**Zutaten:**
Butterschmalz 1/2 EL / 5g. - neutral - süß ............................................... wenig
Safran 1 Briefchen / 0,1g. - neutral - süß ................................empfehlenswert
Kurkuma (Gelbwurz) 1 TL / 2g. - warm - bitter ....................................... wenig
Reis Basmatireis 1 Tasse / 120g. - neutral - süß ....................empfehlenswert
Wasser 1 Tasse / 120g. - kühl - salzig .........................................................ja
Salz 1/2 TL / 2g. - kalt - salzig................................................................. wenig
Kürbis 6-8 Scheiben / 400g. - warm - süß ...................................................ja
Gerstenmehl 1 Tasse / 10g. - kühl - süß .....................................................ja
Brösel (Weizenbrot, Semmel) 1 Tasse / 10g. - kühl - süß, salzig...................ja
Salz 1/2 TL / 2g. - kalt - salzig................................................................. wenig
Pfeffer gemahlen 1 Prise / 1g. - warm - scharf.............................................ja
Butter Bio 1 EL / 10g. - neutral - süß..........................................................ja
Sahne, süß 30% 1 1/2 Becher / 300g. - neutral - süß ............................. wenig
Gerstenmehl 2 EL / 20g. - kühl - süß ...........................................................ja
Lauchzwiebel Schnittlauch 3 EL / 20g. - warm - scharf................................ja
Dill 3 EL / 20g. - warm - scharf................................................................ wenig

**Kochanleitung:**
Das Fett in einem kleinen Topf schmelzen, Safran und Kurkuma hinzufügen, etwa 1-2 Minuten bei mittlerer Hitze leicht rösten, damit sich die Aromen entfalten, (Achtung! Die Gewürze dürfen auf keinen Fall verbrennen) Den Reis hinzufügen, etwa 2 Minuten unter ständigem Rühren braten, das Salz hinzugeben, kurz umrühren und das Wasser dazugießen, umrühren und den Topf mit einem Deckel verschließen. Bei schwacher bis mittlerer Hitze kochen lassen, bis das Wasser fast

vollständig aufgesogen ist, dann vom Feuer nehmen und mit immer noch geschlossenem Deckel beiseite stellen und quellen lassen. Nicht umrühren! Wenn das Wasser vollständig aufgesogen ist, ist der Reis fertig!
Mehl, Semmelbrösel, Salz und Pfeffer verrühren. Die Kürbisscheiben mit Wasser oder verrührtem Ei anfeuchten, die Scheiben in der Mehlmischung wenden und vorsichtig in Butter braten bis sie goldbraun sind und der Kürbis weich ist. In einem kleinen Topf die Butter schmelzen, Gerstenmehl darin bräunen und vom Herd nehmen, die saure Sahne dazu rühren, salzen, pfeffern, die gehackten Kräuter unterziehen und die Soße über die gebratenen Kürbisscheiben geben Dazu den Reis servieren.

## 5.36 Kürbissuppe

Stärkt Lunge und Milz, diuretisch, stärkt Qi, schützt Leber. Stärkt Qi, stärkt Milz, lindert Entzündungen, befeuchtet, entspannt, baut Qi auf, verteilt. Stärkt Milz und Leber, reguliert Qi-Fluss, befeuchtet, entspannt, baut Qi auf, verteilt.
Kochzeit 1 Stunde
Kalorien p. Portion: 105
3 Portionen

**Zutaten:**
Kürbis 300 g. / 300g. - warm - süß ..................................................................ja
Karotte (Mohrrübe, Möhre) 2 Stück / 100g. - neutral - süß ........empfehlenswert
Kartoffel 2 Stück / 120g. - neutral - süß..........................................................ja
Olivenöl 1 EL / 10g. - kühl - süß .....................................................................ja
Zwiebel weiss 1 Stück / 50g. - warm - scharf ..................................................ja
Wasser 1 Tasse / 120g. - kühl - salzig ............................................................ja
Petersilie 1 EL / 7g. - warm - bitter ...............................................empfehlenswert
Anis (gemeiner Fenchel) 1 Prise / 1g. - warm - scharf ............................. wenig
Salz 1 Prise / 1g. - kalt - salzig ................................................................ wenig

**Kochanleitung:**
Olivenöl in Pfanne geben, in Würfel geschnittener Kürbis, gewürfelte Karotten und Kartoffel dazugeben, kurz andünsten, klein geschnittene Zwiebel dazugeben, mit Wasser auffüllen, soviel Wasser, dass das Gemüse mind. 3 Fingerbreiten bedeckt ist, Aufkochen lassen und dann auf kleines Feuer stellen.
Mit Meersalz salzen, klein geschnittene Petersilie dazugeben, eine Prise Anis (wenig), evt. noch nachwürzen. Alles zusammen ca. 35 Minuten köcheln lassen. Anschließend die Suppe pürieren und evt. nochmals Wasser dazugeben, je nach Konsistenz der Suppe.

## 5.37 Kuzusuppe in der Früh

Befeuchtet, entspannt, baut Qi auf, verteilt. Stärkt Magen, harmonisiert Mitte, reduziert innere Hitze, entgiftet, weicht auf, leitet nach unten.
Kochzeit 5 min.
Kalorien p. Portion: 12
1 Portion
Allergene: E

### Zutaten:
Wasser 1/4 Liter / 250g. - kühl - salzig ..........................................................ja
Sojasauce 1 Schuss / 2g. - kalt - salzig.................................................... wenig
Umeboshipaste 1 Messerspitze / 2g. - warm - sauer, rau ........................ wenig

### Kochanleitung:
Kuzu mit kaltem Wasser anrühren und unter Rühren zum Kochen bringen. Sobald es glasig wird vom Herd nehmen und abkühlen lassen. Mit Tamari und Umeboshipaste oder zerkleinerten Umeboshi-Pflaumen abschmecken
Es besteht immer die Möglichkeit Ihren Magen und Darm mit diesem Rezept, vor dem richtigen Frühstück eingenommen, zu unterstützen.
Eine morgendliche Kur für Magen und Schleimhäute. Bringt den Basenhaushalt in Ordnung.

## 5.38 Linsen-Reis-Eintopf

Stärkt Milz und Leber, reguliert Qi-Fluss, befeuchtet, entspannt, baut Qi auf, verteilt. Wärmt Magen und Milz, harmonisiert den Darm, stärkt Qi-Funktion, reduziert Feuchtigkeit. Bewegt Leber-Qi, kühlt Hitze.
Kochzeit 25 Min.
Kalorien p. Portion: 232
3 Portionen
Allergene: LNO

### Zutaten:
Linsen (Helmbohnen) 100 g. / 100g. - neutral - süß, sauer............................ja
Wasser 5 Tassen / 500g. - kühl - salzig ...........................................................ja
Reis Sorte beliebig 1 Tasse / 120g. - warm - süß ....................empfehlenswert
Sesamöl 1 EL / 10g. - kühl - süß.....................................................................ja
Karotte (Mohrrübe, Möhre) 2 Stück / 150g. - neutral - süß........empfehlenswert
Sellerie Stangensellerie 2 Stangen / 20g. - kühl - süß ....................................ja
Cumin (Kreuzkümmel) 1 Prise / 0,2g. - warm - scharf.....................................ja
Salz 1 Prise / 0,5g. - kalt - salzig ............................................................. wenig
Essig (Apfelessig) 1 Schuss / 2g. - warm - sauer, bitter........................... wenig
Petersilie 2 EL / 18g. - warm - bitter.........................................empfehlenswert

**Kochanleitung:**
Linsen am Vortag einweichen.
In einem heißen Topf Sesamöl erhitzen; Karotte und Stangensellerie
klein schneiden und andünsten; Reis, eine Prise Cumin und Linsen
dazugeben und aufkochen.
Wenn die Linsen weich sind, Salz zugeben; mit etwas Essig
abschmecken und mit Petersilie garnieren.

Variante: Im Sommer kann man das Cumin weglassen und frische
grüne Erbsen, Chinakohl oder Stangensellerie dazugeben.

## 5.39 Mungbohnen-Eintopf

Leitet überschüssige Hitze aus; ist sehr nahrhaft. Reduziert Hitze und
Gift, weicht auf, leitet nach unten. Wärmt Magen und Milz, harmonisiert
den Darm, stärkt Qi-Funktion, reduziert Feuchtigkeit.
Kochzeit 2 Stunden
Kalorien p. Portion: 665
2 Portionen

**Zutaten:**
Mungbohne 1/4 Kg. / 300g. - kühl - süß, salzig ................................................ja
Sonnenblumenöl 3 EL / 30g. - kühl - süß .......................................................ja
Amaranth 1/2 TL / 2g. - neutral - bitter, süß .............................empfehlenswert
Fenchelsamen gemahlen 1/2 TL / 2g. - warm - ....................................... wenig
Cumin (Kreuzkümmel) 1/2 TL / 2g. - warm - scharf..........................................ja
Koriander 1/2 TL / 2g. - warm - scharf.............................................................ja
Reis Rundkornreis 1/2 Tasse / 60g. - neutral - süß..................empfehlenswert
Wasser 3 Tassen / 300g. - kühl - salzig .........................................................ja
Ingwer frisch 2 cm. / 3g. - warm - scharf .................................................. wenig
Kombualge 3 cm. / 2g. - kalt - salzig ..............................................................ja
Salz 1 Prise / 0,5g. - kalt - salzig ............................................................. wenig
Petersilie 1 EL / 3g. - warm - bitter ..........................................empfehlenswert

**Kochanleitung:**
Mungbohnen über Nacht einweichen.
In einem heißen Topf Sonnenblumenöl erhitzen. Amaranth,
Fenchelsamen, Cumin und Koriander einrühren und kurz anrösten.
Basmatireis, etwas Ingwer und Mungbohnen zugeben und kurz rösten.
Wasser aufgießen und aufkochen.
Ein Stück Kombu-Alge und Salz hineingeben. 1-1/2 Stunden köcheln.
Mit Petersilie oder Koriander grün garnieren.

## 5.40 Polenta mit Spiegelei

Nährend und leicht erwärmend, baut Qi auf. Stärkt Blut, Yin und Jing.
Stärkt Magen-Qi, diuretisch, befeuchtet, entspannt, baut Qi auf, verteilt.
Bewegt Qi, stärkt Säfteproduktion, reduziert Kälte-Übel.
Nicht: bei Feuchter Hitze der Gallenblase.
Kochzeit 15 Min.
Kalorien p. Portion: 410
2 Portionen
Allergene: CG

**Zutaten:**
Wasser 2 Tassen / 200g. - kühl - salzig ........................................................ja
Mais Gries (Polenta) 1 Tasse / 120g. - neutral - süß.....................................ja
Ingwer frisch 1 Prise / 0,5g. - warm - scharf............................................ wenig
Butter Bio 1/2 TL / 2g. - neutral - süß ............................................................ja
Pfeffer gemahlen 1 Prise / 0,2g. - warm - scharf............................................ja
Muskatnuss 1 Prise / 0,2g. - warm - scharf ................... weniger als angegeben
Salz 1 Prise / 0,5g. - kalt - salzig............................................................ wenig
Zitrone Saft 1 Spritzer / 1g. - kalt - sauer.................... weniger als angegeben
Rosenpaprika 1 Prise / 0,3g. - warm - bitter ....................................................... *
Huhn Ei 4 Stück / 250g. - neutral - süß ...........................................empfehlenswert
Lauchzwiebel Schnittlauch 2 EL / 14g. - warm - scharf.................................ja

**Kochanleitung:**
In einen Topf mit heißem Wasser Polenta und etwas kleingeschnittenen
Ingwer einrühren; quellen lassen, bis die Polenta gar ist.
Ein Stück Butter, Pfeffer, Muskat, Salz, einige Spritzer Zitrone, eine
Prise Rosenpaprika unterrühren.
Die Polenta in eine feuerfeste Schüssel geben. 1 Spiegelei pro Person
draufsetzen; im Backofen einige Minuten überbacken, so dass das
Eigelb noch flüssig ist;
Mit gemahlenem Pfeffer, fein geschnittenen Schnittlauch und etwas
Salz bestreuen.

## 5.41 Putenbrust mit Gemüse (Asiatisch)

Stärkt Qi, Blut und Jing, Mittleren Erwärmer, stärkt Essenz, zieht
zusammen. Wärmt Magen und Milz, harmonisiert den Darm, stärkt Qi-
Funktion, reduziert Feuchtigkeit. Reguliert Qi, wärmt Milz und Niere, löst
Stagnation, leitet nach oben.
Kochzeit 45 Min.
Kalorien p. Portion: 535
2 Portionen
Allergene: AEN

## Zutaten:

Reis Sorte beliebig 1 Tasse / 120g. - warm - süß .................... empfehlenswert
Wasser 6 Tassen / 240g. - kühl - salzig ......................................................... ja
Pute Brustfleisch 200 g / 200g. - warm - süß ........................... empfehlenswert
Ingwer frisch 1 cm. / 3g. - warm - scharf .................................................. wenig
Knoblauch 1 Stück / 2g. - heiß - scharf ......................... weniger als angegeben
Sojasauce 2 EL / 20g. - kalt - salzig ......................................................... wenig
Weizen Mehl 2 TL / 15g. - kühl - süß, salzig ..................................................... ja
Zwiebel Frühlingszwiebel 2 Stück / 40g. - warm - scharf................................ ja
Paprika 1/2 Stück / 10g. - kühl - süß ................................................................ ja
Champignon 8 Stück / 30g. - kühl - süß ........................................................... ja
Sesamöl 2 EL / 20g. - kühl - süß ...................................................................... ja
Sojasauce 1 EL / 12g. - kalt - salzig ......................................................... wenig
Curry 1 Prise / 2g. - warm - scharf ............................... weniger als angegeben
Kurkuma (Gelbwurz) 1 Prise / 2g. - warm - bitter ....................................... wenig
Chili (gemahlen) 1 Prise / 1g. - heiß - scharf................. weniger als angegeben
Cashewnüsse 2 TL / 25g. - kühl - süß............................................................. ja

## Kochanleitung:

Reis mit dem Salzwasser zustellen und garen.
Das Putenfleisch in schmale Streifen schneiden. Ingwer und Knoblauch
schälen und würfeln. Zusammen mit den Fleischstreifen in eine
Schüssel geben. 1 EL Sojasoße mit der Weizenstärke vermischen und
glattrühren. Danach über das Fleisch geben und alles 30 Minuten
marinieren. Frühlingszwiebeln und Paprika waschen, putzen und in
kleine Stücke schneiden. Die Champignons putzen und vierteln.
Einen EL des Sesamöls in eine beschichtete Pfanne geben und das
marinierte Putenfleisch scharf anbraten und warm stellen. Nun das
restliche Öl in die Pfanne geben und das andere Gemüse darin
anbraten. Nun das Fleisch dazugeben und mit Sojasoße und den
Gewürzen abschmecken. Mit dem Reis anrichten. Die Cashewkerne
vor dem Servieren über das Gericht streuen.

## 5.42 Reis mit gedämpftem Gemüse

Leitet Hitze und Feuchtigkeit aus.
Kochzeit 20 min
Kalorien p. Portion: 166
2 Portionen
Allergene: L

**Zutaten:**
Reis Sorte beliebig 1/2 Tasse / 60g. - warm - süß ...................empfehlenswert
Wasser 3 Tassen / 300g. - kühl - salzig ......................................................ja
Zitrone Schale 1 Stück / 3g. - kühl - bitter ....................................................ja
Wasser 1/8 Liter / 0g. - kühl - salzig ...............................................................ja
Karotte (Mohrrübe, Möhre) 2 Stück / 180g. - neutral - süß........empfehlenswert
Sellerie Stangensellerie 1/2 Stück / 5g. - kühl - süß......................................ja
Champignon 1/2 Tasse / 50g. - kühl - süß .....................................................ja
Kresse 2 EL / 20g. - kühl - süß...................................weniger als angegeben
Leinöl 1 Schuss / 3g. - neutral - süß......................................................... wenig

**Kochanleitung:**
Reis nach Grundrezept kochen. Ein Stück Zitronenschale mitkochen.
Wasser aufstellen und kleingeschnittene Karotten, Stangensellerie und
Champignons in Gemüseeinsatz dämpfen bis sie weich sind.
Anschließend mit Kresse bestreuen. Dann ein Schuss hochwertiges
kaltes Öl zugeben.

## 5.43 Reis mit Pastinake

Reguliert Qi, trocknet aus, leitet nach unten. Wärmt Magen und Milz,
harmonisiert den Darm, stärkt Qi-Funktion, reduziert Feuchtigkeit.
Befeuchtet, entspannt, baut Qi auf, verteilt. Vertreibt Schleim, leitet
nach unten, Aktiviert Wei Qi, stärkt Qi.
Kochzeit 45 Min.
Kalorien p. Portion: 206
3 Portionen

**Zutaten:**
Reis Sorte beliebig 1 Tasse / 120g. - warm - süß ....................empfehlenswert
Wasser 2 Tassen / 200g. - kühl - salzig .......................................................ja
Salz 1 Prise / 1g. - kalt - salzig ............................................................... wenig
Pastinake 3-4 Stück / 450g. - kühl - bitter................................empfehlenswert
Olivenöl 1 EL / 10g. - kühl - süß ....................................................................ja
Salbei 1 TL / 3g. - kühl - bitter, scharf ..........................................................ja

**Kochanleitung:**
Pastinake schälen und in Scheiben schneiden. Kurz in Öl anbraten.
Reis hinzugeben und kurz anbraten. Mit Wasser übergießen und mind.
30 min. kochen lassen. Mit wenig frischem gehacktem Salbei
bestreuen.

## 5.44 Reis-Congee mit Hühnerleber und Bocksdornfrüchten

Wärmt Magen und Milz, harmonisiert den Darm, stärkt Qi-Funktion, reduziert Feuchtigkeit. Nährt Leber-Blut, nährt und stärkt Leber.
Kochzeit 3 Stunden
Kalorien p. Portion: 176
3 Portionen
Allergene: EO

### Zutaten:
Grundrezept für eine Reissuppe (Congee) 5 Tassen / 800g. - neutral - süß...ja
Huhn Leber 1/2 Tasse / 60g. - warm - süß, bitter.............................................ja
Bocksdornfrüchte (Lycii) getrocknet 1/2 Tasse / 60g. - kühl - süß, .................. *
Sojasauce 1 Schuss / 3g. - kalt - salzig.................................................... wenig

### Kochanleitung:
Grundrezept für Reis-Congee kochen, Hühnerleber und Bocksdornfrüchte mitkochen; mit Sojasoße abschmecken.

## 5.45 Reis-Congee mit Trockenfrüchten

Wärmt Magen und Milz, harmonisiert den Darm, stärkt Qi-Funktion, reduziert Feuchtigkeit. Nährt Blut und Yin, harmonisiert Lungen-Qi. Stärkt Qi und Nieren-Jing, befeuchtet, entspannt, baut Qi auf, verteilt.
Kochzeit 10 Min.
Kalorien p. Portion: 210
2 Portionen
Allergene: GO

### Zutaten:
Grundrezept für eine Reissuppe (Congee) 4 Tassen / 500g. - neutral - süß...ja
Butter Bio 1/2 EL / 5g. - neutral - süß.............................................................ja
Aprikose getrocknet 6 EL / 50g. - warm - süß ......................................... wenig
Wasser 1/2 Tasse / 50g. - kühl - salzig .........................................................ja
Ahornsirup 1 Schuss / 3g. - kühl - süß .........................................................ja

### Kochanleitung:
Reis-Congee nach Grundrezept kochen.
Etwas Butter bei kleiner Flamme zerlassen und klein geschnittene Trockenfrüchte mit 1/2 Tasse Wasser kurz darin dünsten. Die für die Mahlzeit gewünschte Menge an Reisbrei zugeben und erhitzen. Heiß servieren und bei Bedarf mit Ahornsirup nachsüßen.
Variante: Zusätzlich frisches Obst mit andünsten.

## 5.46 Reis-Congee mit zerstoßenen Walnüssen

Nährend und leicht erwärmend, erwärmt die Mitte baut Qi auf. Wärmt Magen und Milz, harmonisiert den Darm, stärkt Qi-Funktion, reduziert Feuchtigkeit.
Kochzeit 2 Stunden
Kalorien p. Portion: 406
2 Portionen
Allergene: H

**Zutaten:**
Grundrezept für eine Reissuppe (Congee) 4 Tassen / 500g. - neutral - süß ................ ja
Zucker Ursüße (Zuckerrohr) 2-3 EL / 20g. - kühl - süß ........................... empfehlenswert
Walnüsse 1 Tasse / 70g. - warm - süß .................................................. empfehlenswert
Zimtpulver 1 Prise / 0,2g. - heiß - scharf, süß ........................... weniger als angegeben

**Kochanleitung:**
Grundrezept für Reissuppe (Congee) kochen
Hinweis: Die Walnüsse können von Anfang an mitgekocht werden.
Variante: Nach Belieben mit süßen oder pikanten Zutaten verfeinern.
Insbesondere Zimt, Nelken, und Ingwer erhöhen die erwärmende Wirkung und die Bekömmlichkeit.

## 5.47 Reis-Dulse-Suppe

Stärkt Milz und Leber, reguliert Qi-Fluss, entspannt, baut Qi auf, verteilt. trocknet aus, leitet nach unten. Stärkt Magen-Qi. Wärmt Magen und Milz, harmonisiert den Darm, stärkt
Qi-Funktion, reduziert Feuchtigkeit.
Kochzeit 5 min
Kalorien p. Portion: 190
2 Portionen
Allergene: L

**Zutaten:**
Grundrezept für eine Reissuppe (Congee) 4 Tassen / 500g. - neutral - süß... ja
Grundrezept für eine Gemüsebrühe nahrhaft 1/2 Liter / 500g. - neutral - * ..... ja
Dulse (Lappentang) 2 EL / 15g. - neutral - salzig ..................................... wenig

**Kochanleitung:**
Eine Portion vorgekochtes Grundrezept für eine Reissuppe (Congee) mit vorgekochtes Grundrezept für eine Gemüsebrühe nahrhaft aufwärmen.
Dulse im Backofen bei 220 Grad 3 Min. backen. Die knusprige Dulse über den Reis streuen.

## 5.48 Reisnudelsuppe mit Shiitakepilzen

Stärkt Milz und Leber, reguliert Qi-Fluss, entspannt, baut Qi auf, verteilt. trocknet aus, leitet nach unten. Stärkt Magen-Qi. Nährt Yin von Lunge, Magen und Dickdarm, unterstützt die Verdauung. Reduziert inneren Wind
Kochzeit 20 Min.
Kalorien p. Portion: 66
2 Portionen
Allergene: L

### Zutaten:
Reisnudeln 2 Handvoll / 20g. - neutral - süß ....................................................ja
Shiitake, getrocknet 4-6 Stück / 5g. - neutral - süß ..........................................ja
Grundrezept für eine Gemüsebrühe nahrhaft 2 Tassen / 240g. - neutral - * ...ja
Chinakohl 1 Tasse / 60g. - kühl - süß................................................................ja
Liebstöckel 1 TL / 3g. - warm - scharf, bitter ........................................... wenig
Miso 2 EL / 18g. - neutral - salzig...................................................................ja

### Kochanleitung:
Reisnudeln und Shiitakepilze getrennt in kaltem Wasser einweichen. Gemüsebrühe erhitzen und eingeweichte, in Streifen geschnittene Shiitakepilze zugeben und sanft köcheln. Chinakohl nudelig schneiden, Liebstöckelgrün und Reisnudeln dazugeben und kurz ziehen lassen. Vor dem Servieren in etwas abgekühltem Kochwasser gelöstes Miso einrühren.
Empfehlung: Geeignet zu Beginn jeder Mahlzeit, auch zum Frühstück

## 5.49 Reissuppe mit Algen

Stärkt Qi und Blut, reduziert Kälte, stärkt Milz, Leber und Magen, stärkt Blut und Qi. Reguliert Qi, wärmt Milz und Niere, löst Stagnation, leitet nach oben.
Kochzeit 4-5 Stunden
Kalorien p. Portion: 130
6 Portionen
Allergene: L

### Zutaten:
Rind Fleischknochen 30 dag. / 10g. - warm - süß................................... wenig
Rind Suppenfleisch 40 dag. / 400g. - warm - süß .................................. wenig
Petersilie 1/4 Bund / 25g. - warm - bitter ...................................empfehlenswert
Wacholderbeere 4 Stück / 2g. - warm - süß, scharf, bitter ........empfehlenswert
Karotte (Mohrrübe, Möhre) 2 Stück / 180g. - neutral - süß........empfehlenswert
Sellerie Knolle 10 dag. / 100g. - kühl - süß...............................empfehlenswert

Zwiebel Frühlingszwiebel 1/2 Stück / 10g. - warm - scharf.............................ja
Pfeffer Körner 4 Stück / 1g. - warm - scharf.................................................ja
Liebstöckel 1 Ast / 3g. - warm - scharf, bitter ......................................... wenig
Wakame 3 cm / 3g. - kalt - salzig ................................................................ja
Reis Sorte beliebig 3 EL / 20g. - warm - süß............................empfehlenswert
Wasser 1 Liter / 900g. - kühl - salzig ...........................................................ja

## Kochanleitung:

In Wasser Petersilie geben und aufkochen; Wacholderbeeren,
Fleischknochen, ein Stück Suppenfleisch, Karotte und ein Stück
Sellerieknolle, eine separat gebräunte Zwiebelhälfte, einige
Pfefferkörner, Liebstöckel und ein Stück Wakame-Alge zugeben; alles
4-8 Stunden köcheln lassen und dann abseihen. Reis hinzufügen und
noch eine 1/2 Stunde weiterköcheln lassen.
Brühe im Kühlschrank aufbewahren.
Variante: Wenn man das Fleisch nach 1-2 Stunden herausnimmt, kann
man es noch gut würfeln und später als Suppenzutat verwenden.

## 5.50 Reissuppe mit Ente

Nährt Yin. Wärmt Magen und Milz, harmonisiert den Darm, stärkt Qi-
Funktion, reduziert Feuchtigkeit. Nährt Blut und Leber, harmonisiert
Leber und Milz. Befeuchtet, entspannt,
baut Qi auf, verteilt.
Kochzeit 1 1/2 Stunden
Kalorien p. Portion: 161
6 Portionen
Allergene: EG

## Zutaten:

Reis Rundkornreis 1 Tasse / 100g. - neutral - süß...................empfehlenswert
Wasser 8 Tassen / 900g. - kühl - salzig .......................................................ja
Ente (Frühmastente) 250 g. / 250g. - kühl - süß, salzig............empfehlenswert
Shiitake, getrocknet 4-6 Stück / 5g. - neutral - süß .....................................ja
Petersilie 2 EL / 12g. - warm - bitter.......................................empfehlenswert
Butter Bio 1 TL / 3g. - neutral - süß.............................................................ja
Sojasauce 1 Schuss / 2g. - kalt - salzig.................................................. wenig

## Kochanleitung:

Shiitakepilze einweichen. Reissuppe nach Grundrezept zubereiten. In
den letzten 30 Kochminuten Entenfleisch und Shiitakepilze zugeben.
Austernpilze, Petersilie und etwas Butter erst ganz am Ende
hineingeben. Mit Sojasoße nachwürzen.
Variante: Eingeweichte und gekochte Adzukibohnen zugeben. Sie
verstärken den harntreibenden Effekt.

## 5.51 Reissuppe mit frischen Früchten

Stärkt Niere und Blase. Stärkt Qi und Nieren-Jing, befeuchtet, entspannt, baut Qi auf. Reduziert innere Hitze, produziert Körpersäfte. Stärkt Mitte, befeuchtet, entspannt, verteilt. Vertreibt Kälte, löst Stagnation, treibt Schweiß, regt Nerven an.
Kochzeit 1 1/2 Stunden
Kalorien p. Portion: 143
4 Portionen
Allergene: G

**Zutaten:**
Reis Wilder (Naturreis) 1 Tasse / 100g. - neutral - süß, bitter ...empfehlenswert
Wasser 8 Tassen / 900g. - kühl - salzig .............................................................. ja
Apfel (süß) 2 Tassen / 200g. - kühl - süß, sauer .............................................. ja
Butter Bio 1 EL / 10g. - neutral - süß ................................................................ ja
Vanille 1 Prise / 0,2g. - neutral - süß ................................................................ ja
Chili (gemahlen) 1 kleine Prise / 0,1g. - heiß - scharf....weniger als angegeben
Zucker Ursüße (Zuckerrohr) 2 TL / 6g. - kühl - süß ................... empfehlenswert

**Kochanleitung:**
Reis-Congee nach Grundrezept zubereiten. Am Ende klein geschnittene Früchte nach Saison, Vanille, Chili und Butter zugeben; nach Geschmack süßen.
Variante: Mit Nüssen kann das Gericht jederzeit reichhaltiger und sättigender gestaltet werden.
Wirkung: Gekochte oder gedünstete Früchte sind leichter verdaulich und wirken besser auf die Produktion von Körpersäften als rohe. Bei einigen Früchten, die sich besonders für heiße Tage im Sommer eignen - wie Melonen und Beeren-, empfiehlt es sich dennoch, die Früchte nur zum heißen Brei hinzuzufügen. Andere Obstsorten - wie Äpfel, Birnen, Pflaumen und Kirschen - können auch eine Weile mitgeköchelt werden

## 5.52 Reissuppe mit geraspelten Karotten und frischen Kräutern

Stärkt Milz und Leber, reguliert Qi-Fluss, befeuchtet, entspannt, baut Qi auf, verteilt. Stärkt Niere und Blase.
Kochzeit 5 min.
Kalorien p. Portion: 131
4 Portionen
Allergene: EG

**Zutaten:**
Reis Wilder (Naturreis) 1 Tasse / 100g. - neutral - süß, bitter ...empfehlenswert
Wasser 6 Tassen / 700g. - kühl - salzig ........................................................ja
Karotte (Mohrrübe, Möhre) 1 Stück / 100g. - neutral - süß........empfehlenswert
Sojasauce 1 Schuss / 2g. - kalt - salzig...................................................... wenig
Butter Bio 1 TL / 3g. - neutral - süß ..............................................................ja
Kümmel 1 Prise / 0,3g. - warm - scharf.........................................................ja
Kurkuma (Gelbwurz) 1 Prise / 0,2g. - warm - bitter ................................. wenig
Kräuter verschiedene 1 TL gehackt / 3g. - - *...............................................ja

**Kochanleitung:**
In einer Portion Reis-Congee nach Grundrezept, eine geraspelte
Karotte weichkochen, Butter und Sojasauce dazugeben.
Mit frischen Kräutern bestreuen.

Gewürze und Kräuter: Schwarzkümmel, Kurkuma, Kardamom,
Petersilie, Salbei, Thymian, Basilikum, Rosmarin.
Winter: Pastinaken, Sellerie, Zwiebel, Lauch, Kürbis
Sommer: Tomaten, Zucchini, Frühlingszwiebel, Radieschen, Rucola.

# 5.53 Rettichgemüse mit Meerrettich

Leicht erfrischend und befeuchtend löst Stagnation. Nährt Blut und
Leber, harmonisiert Leber und Milz, stärkt Sehkraft, bewahrt die Säfte,
zieht zusammen. Nährt Lunge und Milz, vertreibt Schleim, löst Schleim,
löst Stagnation, leitet nach oben.
Kochzeit 30 Min.
Kalorien p. Portion: 196
2 Portionen
Allergene: GNO

**Zutaten:**
Butter Bio 1 EL / 8g. - neutral - süß................................................................ja
Rettich (weiß, grün, lila-rot) 1/2 Stück / 50g. - kühl - süß, scharf...................ja
Wasser 3 EL / 10g. - kühl - salzig...................................................................ja
Zitrone Saft 2 EL / 20g. - kalt - sauer ...........................weniger als angegeben
Weißwein 2 EL / 20g. - kühl - süß, bitter, scharf...................................... wenig
Rosenpaprika 1 Prise / 0,2g. - warm - bitter....................................................*
Sesamöl 1 TL / 3g. - kühl - süß .....................................................................ja
Rettich Meerrettich (Kren) 2-3 EL / 20g. - neutral - süß, etwas scharf ...........ja
Salz 1 Prise / 0,5g. - kalt - salzig............................................................. wenig
Petersilie 1 Bund gehackte / 80g. - warm - bitter.....................empfehlenswert
Reis Langkornreis 1/2 Tasse / 60g. - neutral - süß ..................empfehlenswert
Wasser 3 Tassen / 300g. - kühl - salzig ........................................................ja
Salz 1 Prise / 0,5g. - kalt - salzig.............................................................. wenig

**Kochanleitung:**
In einer heißen Pfanne die Butter schmelzen, in Stifte geschnittenen Rettich andünsten. Mit kaltem Wasser aufgießen, Zitronensaft, Weißwein, eine Prise Rosenpaprika und das Sesamöl unterrühren; mit 2 - 3 EL frisch geriebenem Meerrettich (ersatzweise 1 TL aus dem Glas), Salz abschmecken; gehackte Petersilie drüberstreuen.

Reis mit dem Wasser aufstellen, salzen und ca. 15 Min. kochen lassen.

## 5.54 Rindfleischsuppe mit Karotten, Lauch, Lorbeer

Stärkt Milz-Qi, stärkt Blut und Qi, befeuchtet, entspannt, baut Qi auf, verteilt. Stärkt Milz und Leber, reguliert Qi-Fluss. Stärkt Magen-Qi.
Kochzeit 2-3 Stunden
Kalorien p. Portion: 194
5 Portionen

**Zutaten:**
Rind Fleisch 1/2 Kg. / 500g. - warm - süß ................................................. wenig
Karotte (Mohrrübe, Möhre) 2 Stück / 200g. - neutral - süß ........empfehlenswert
Lauch (Porree) 1/2 Stück / 150g. - warm - scharf..................................... wenig
Lorbeerblatt 3 Blätter / 1g. - warm - scharf ....................................................ja
Mais Gries (Polenta) 1 EL / 10g. - neutral - süß ..............................................ja
Wasser 1/2 Liter / 450g. - kühl - salzig ...........................................................ja
Salz 1 Prise / 0,5g. - kalt - salzig ............................................................. wenig

**Kochanleitung:**
Wenig kaltes Wasser aufsetzen (so viel, dass das Fleisch eben bedeckt wird); Rindersuppenfleisch oder Beinscheibe zum Kochen bringen und einen Moment sieden lassen; dann die Brühe weggießen, das Fleisch mit heißem Wasser abbrausen (dadurch erspart man sich das Abschäumen), den Topf säubern und erneut das Fleisch in heißem Wasser aufsetzen; kleingeschnittene Karotte, Lauch, den Mais und Lorbeer hinzugeben; köcheln, bis das Fleisch gar ist.

## 5.55 Roter Traubensaft mit Eigelb

Tonisiert Yin und Qi, bewegt Blut, leitet Nässe aus. Entgiftend, blutbildend. Tonisiert Yin, Blut und Qi.
Kochzeit 5 Min.
Kalorien p. Portion: 271
1 Portion
Allergene: C

**Zutaten:**
Traubensaft rot 1/4 Liter / 250g. - neutral - süß, sauer ..............empfehlenswert
Huhn Eigelb 1 Stück / 25g. - neutral - süß.......................................................ja

**Kochanleitung:**
Eigelb im Traubensaft verquirlen.


## 5.56 Schwarzaugenbohnen-Eintopf

Stärkt Milz und Niere; ist sehr nahrhaft. Wärmt Magen und Milz, harmonisiert den Darm, stärkt Qi-Funktion. Stärken Magen und Niere, stärkt Milz und Niere.
Kochzeit 20 Min.
Kalorien p. Portion: 140
5 Portionen

**Zutaten:**
Schwarzaugenbohnen 1 Tasse / 100g. - neutral - süß, scharf .......................ja
Reis Sorte beliebig 2 Tassen / 200g. - warm - süß ...................empfehlenswert
Wasser 10 Tassen / 1000g. - kühl - salzig .......................................................ja

**Kochanleitung:**
Bohnen über Nacht einweichen und abseihen.
In einem Verhältnis von 1:2 die Bohnen mit dem Reis zusammen weich köcheln. Je nachdem, wie heiß die Flamme ist und wie dünn das Gericht sein soll, muss mehr Wasser hinzugefügt werden.

Variante: In Öl angebratene Gemüse wie Karotten, Sellerieknolle, Zwiebeln oder Lauch dazugeben.

## 5.57 Selleriesaft

Stärkt Magen-Qi, befeuchtet, entspannt, baut Qi auf, verteilt.
Kochzeit 5 Min.
Kalorien p. Portion: 33
1 Portion
Allergene: L

**Zutaten:**
Sellerie Knolle 1/2 Stück / 200g. - kühl - süß............................empfehlenswert
Wasser 1 Tasse / 120g. - kühl - salzig .........................................ja
Salz 1 Prise / 0,5g. - kalt - salzig ............................................. wenig

**Kochanleitung:**
Sellerie Knolle schälen und in Stücke schneiden und entsaften. Mit
Wasser mischen und nach Bedarf salzen.

## 5.58 Spinat mit Sesmammus (Tahin)

Nährt Blut und Yin, stärkt Zang-Organe, stärkt Magen-Darm,
harmonisiert Qi, befeuchtet Lunge. Stärkt Qi, stärkt Milz, lindert
Entzündungen, befeuchtet, entspannt, baut Qi auf, verteilt. Nährt Blut.
Kochzeit 20 Min.
Kalorien p. Portion: 150
4 Portionen
Allergene: N

**Zutaten:**
Kartoffel 500 g. / 500g. - neutral - süß............................................ja
Salz 1 Prise / 0,2g. - kalt - salzig ............................................ wenig
Wasser 1/4 Liter / 25g. - kühl - salzig .........................................ja
Spinat 1 Kg / 800g. - kühl - süß, rau...........................empfehlenswert
Sesam Paste (Tahini) 2 EL / 20g. - kühl - ...................empfehlenswert

**Kochanleitung:**
Kartoffeln kochen und schälen. Wasser erhitzen. Spinat blanchieren.
Wasser abschütteln und trocknen lassen und mit Sesammus verrühren.

## 5.59 Spinatgemüse

Erfrischend, baut Säfte auf. Stärkt Qi, stärkt Milz, lindert Entzündungen, befeuchtet, entspannt.
Kochzeit 10 Min.
Kalorien p. Portion: 291
1 Portion
Allergene: GN

**Zutaten:**

Sesamöl 1 EL / 10g. - kühl - süß ................................................................ ja
Zwiebel weiss 1/2 Stück / 40g. - warm - scharf ............................................. ja
Knoblauch 1/2 Zehe / 1g. - heiß - scharf ...................... weniger als angegeben
Spinat 2 Handvoll / 150g. - kühl - süß, rau ............................... empfehlenswert
Pfeffer gemahlen 1 Prise / 0,2g. - warm - scharf ........................................... ja
Muskatnuss 1 Prise / 0,2g. - warm - scharf .................. weniger als angegeben
Salz 1 Prise / 0,5g. - kalt - salzig ........................................................... wenig
Sauerrahm 15% Fett 2 EL / 15g. - kühl - sauer ...................................... wenig
Kartoffel 4 Stück / 200g. - neutral - süß ....................................................... ja
Salz 1 Prise / 0,3g. - kalt - salzig ........................................................... wenig

**Kochanleitung:**
In einem heißen Topf Sesamöl, fein geschnittenen Zwiebel glasig dünsten; wenig Knoblauch mitbraten; in Streifen geschnittenen Spinat etwa 3 Minuten dünsten; gemahlenen Pfeffer, Muskat, Salz, etwas Sauerrahm nach Belieben dazugeben oder den Spinat mit einem großen Klecks Hüttenkäse als Vorspeise servieren.
Nebenbei die Kartoffeln in Salzwasser kochen, dann schälen.

## 5.60 Suppe mit Eigelb

Stärkt Qi und Yang; ist sehr erwärmend.
Kochzeit 5 Min.
Kalorien p. Portion: 173
1 Portion
Allergene: CO

**Zutaten:**

Grundrezept für eine Rinderbrühe (klar) 250 g. / 250g. - warm - * .......... wenig
Huhn Eigelb 1 Stück / 25g. - neutral - süß ..................................................... ja

**Kochanleitung:**
Rindsuppe nach dem Grundrezept für eine Rinderbrühe wärmend, aufwärmen und den Dotter einquirreln.

## 5.61 Süsskartoffelpuffer mit Basilikum-Pesto

Stärkt Qi, Blut, Yin und Jing.
Kochzeit 30 Min.
Kalorien p. Portion: 625
3 Portionen
Allergene: ACH

### Zutaten:
Süßkartoffel 4 Stück / 500g. - warm - süß.....................................................ja
Zwiebel rot 1/2 Stück / 30g. - warm - scharf...............................................ja
Basilikum 1 EL / 10g. - warm - scharf, bitter...............................................ja
Huhn Ei 2 Stück / 140g. - neutral - süß ..................................empfehlenswert
Dinkel Vollkornmehl 80 g. / 80g. - neutral - süß .........................................ja
Salz 1 Prise / 0,5g. - kalt - salzig................................................... wenig
Olivenöl 60 ml. / 20g. - kühl - süß............................................................ja
Salz 1 TL (grobes) / 3g. - kalt - salzig................................................ wenig
Basilikum 1 Handvoll / 15g. - warm - scharf, bitter .....................................ja
Petersilie 1 Handvoll / 15g. - warm - bitter...........................empfehlenswert
Knoblauch 2 Zehen / 3g. - heiß - scharf ......................weniger als angegeben
Walnüsse 60 g. / 60g. - warm - süß ......................................empfehlenswert
Olivenöl 2 EL / 20g. - kühl - süß...............................................................ja

### Kochanleitung:
Süßkartoffelpuffer: Die Süßkartoffel gründlich waschen, aber nicht schälen, und in eine große Schüssel raspeln. Zwiebel, Basilikum, Ei und Mehl zugeben, alles gut miteinander vermengen und dann etwas Salz drüberstreuen. Die Mischung ist locker, lässt sich aber zu Puffern formen. Im vorgeheizten Rohr auf einem mit Öl bestrichenen Backblech von beiden Seiten jeweils 4 bis 5 Minuten backen.

Basilikum-Pesto: Das Salz, die kleingehackten Basilikum und Petersilie sowie den gequetschten Knoblauch in einer kleinen Schüssel mit einem Löffel verreiben (wenn vorhanden den Mörser verwenden). Die geriebenen Walnüsse dazugeben. Unter ständigem Rühren so viel Olivenöl zumengen, bis die gewünschte Konsistenz erreicht wird.

## 5.62 Tafelspitz nach klassischer Art

Stärkt Milz-Qi, stärkt Blut und Qi, befeuchtet, entspannt, baut Qi auf, verteilt. Stärkt Qi, stärkt Milz, lindert Entzündungen, befeuchtet.
Kochzeit 3 Stunden
Kalorien p. Portion: 454
8 Portionen
Allergene: L

## Zutaten:

Zwiebel weiss 1 Stück / 50g. - warm - scharf .................................................. ja
Maiskeimöl 1 EL / 10g. - neutral - süß ........................................................... ja
Wasser 3 1/2 l. / 0g. - kühl - salzig ................................................................ ja
Rind Fleisch 2 Kg Tafelspitz / 1800g. - warm - süß ................................. wenig
Rind Fleischknochen 4-6 Scheiben mit Mark / 0g. - warm - süß ............. wenig
Salz 1 Prise / 0,5g. - kalt - salzig ........................................................... wenig
Pfeffer Körner 15 Stk. / 0g. - warm - scharf ..................................................... ja
Pastinake 1 Stück / 0g. - kühl - bitter ....................................... empfehlenswert
Karotte (Mohrrübe, Möhre) 2 Stück / 0g. - neutral - süß ............ empfehlenswert
Sellerie Knolle 1 Scheibe / 0g. - kühl - süß .............................. empfehlenswert
Petersilienwurzel 2 Stück / 0g. - kühl - süß ..................................................... ja
Lauch (Porree) 1/2 Stange / 0g. - warm - scharf ...................................... wenig
Lauchzwiebel Schnittlauch 1 EL gehackte / 7g. - warm - scharf ................... ja
Kartoffel 1 Kg / 1000g. - neutral - süß ............................................................ ja
Sonnenblumenöl 2 EL / 20g. - kühl - süß ........................................................ ja
Salz 1 Prise / 0,5g. - kalt - salzig ........................................................... wenig

## Kochanleitung:

Zwiebeln halbieren, aber nicht schälen. Zwiebeln in einer Pfanne mit Fett an den Schnittflächen sehr dunkel bräunen. Fleisch und Knochen kurz mit warmen Wasser waschen, abtropfen lassen.
Wasser aufkochen, Fleisch einlegen und schwach wallend kochen. Aufsteigenden Schaum ständig abschöpfen. Sobald kein Schaum mehr aufsteigt, Pfefferkörner und die Zwiebel zugeben. Wurzelwerk und Lauch putzen und nach ca. zweieinhalb Stunden Garzeit zugeben. Tafelspitz noch eine weitere halbe Stunde köcheln lassen.
Tafelspitz aus der Suppe heben, durch ein Sieb gießen und mit Salz abschmecken. Wurzelwerk in mundgerechte Stücke schneiden. Gemeinsam mit den Markknochen in die Suppe geben und unter dem Siedepunkt ziehen lassen. Tafelspitz gegen den Faserlauf in fingerdicke Scheiben schneiden, in die Suppe legen, nochmals erhitzen, mit ein wenig Schnittlauch bestreuen.
Nebenbei die Kartoffeln in Salzwasser garen und schälen. Grob stampfen oder feinwüfelig schneiden. In einer Pfanne mit dem Öl knusprig anbraten.

# 5.63 Tee Algentee

Stärkt Herz Blut und Feuer, stärkt Herz und Nieren Yin.
Kochzeit 10 min.
Kalorien p. Portion: 0
4 Portionen

**Zutaten:**

Hijiki 2 TL / 2g. - kalt - salzig .......................................................................... ja
Wasser heiss 1/2 Liter / 500g. - neutral - ..................................................... ja

**Kochanleitung:**
Hijiki Alge mit heißem Wasser ca. 10 min köcheln lassen. Danach Sud trinken.

## 5.64 Tee Ginseng-Tee

Stärkt Herz, Lunge, Magen, Milz, Nieren-Qi.
Kochzeit 20 Min.
Kalorien p. Portion: 1
4 Portionen

**Zutaten:**

Ginseng 2 Teebeutel / 4g. - - ......................................................................... ja
Wasser 1/2 Liter / 500g. - kühl - salzig ........................................................ ja

**Kochanleitung:**
Eine sehr milde Form der Einnahme von Ginseng erreicht man, wenn man ihn in eine Thermoskanne mit heißem Wasser legt. Dabei kann man die Wurzel auch mehrmals verwenden, also nicht nur für eine Kannenfüllung. Idealerweise sollte man das Wasser 10 Minuten lang gekocht haben - es wird dann der Wandlungsphase Feuer zugeordnet - und Heilquellenwasser ohne Kohlensäure benutzen, wenn die Qualität des Wassers vor Ort nicht gut ist.
Einnahme: Dieser milde Ginsengtee kann zur Kräftigung den ganzen Tag über getrunken werden.

## 5.65 Tee Koriandertee

Schweiß treibend, reduziert Wind.
Kochzeit 10 Min.
Kalorien p. Portion: 2
4 Portionen

**Zutaten:**

Koriander 1 TL / 3g. - warm - scharf............................................................ ja
Wasser 1/2 Liter / 500g. - kühl - salzig ........................................................ ja

**Kochanleitung:**
Wasser zum Kochen bringen und wegstellen. Koriander dazugeben und 10 min. ziehen lassen.

## 5.66 Tee Kümmeltee

Reduziert Schleim und feuchte Hitze in Leber und Gallenblase, Leber Qi-Stagnation. Milz-Qi Mangel, Milz und Nieren Yang-Mangel.
Kochzeit 10 Min.
Kalorien p. Portion: 2
4 Portionen

**Zutaten:**
Kümmel 1 TL / 3g. - warm - scharf ................................................................. ja
Wasser 1/2 Liter / 500g. - kühl - salzig ........................................................... ja

**Kochanleitung:**
Wasser zum Sieden bringen und wegstellen. Zerquetschten Kümmel dazugeben und 10 min. ziehen lassen. Ev. mit Honig süßen.

2 mal täglich 1 Tasse trinken.

## 5.67 Tee Longanetee

Stärkt Milz, baut Lunge auf, baut Herz auf, beruhigt Nerven.
Kochzeit 10 Min.
Kalorien p. Portion: 0
4 Portionen

**Zutaten:**
Longane 2 TL / 4g. - warm - süß ............................................... empfehlenswert
Wasser 1/2 Liter / 500g. - kühl - salzig ........................................................... ja

**Kochanleitung:**
Wasser zum Sieden bringen und wegstellen. Longane dazugeben und 10 min. ziehen lassen. Ev. mit Honig süßen. Beim eingießen abseihen.

## 5.68 Tee Rosmarintee

Trocknet aus, leitet nach unten. Stärkt Herz, Lunge und Milz-Qi, Stärkt Leber-Blut. Stärkt Herz-Yin. Vertreibt Milz Hitze/Kälte Feuchtigkeit. Stärkt Milz- und Nieren-Yang.
Kochzeit 15 Min.
Kalorien p. Portion: 1
4 Portionen

**Zutaten:**

Rosmarin 2-4 TL / 6g. - warm - bitter ....................................................... wenig
Wasser 1/2 Liter / 500g. - kühl - salzig ......................................................... ja

**Kochanleitung:**
Wasser zum Sieden bringen und wegstellen. Rosmarin dazugeben und 10 min. ziehen lassen. Ev. mit Honig süßen.

## 5.69 Tee Süßholz-Tee (herzstärkend)

Stärken Milz und Magen-Qi. Nährt Yin von Herz und Niere, befeuchtet, stärkt Herz und Niere, reduziert innere Hitze, bewahrt die Säfte, zieht zusammen.
Kochzeit 15 Min.
Kalorien p. Portion: 20
4 Portionen

**Zutaten:**

Süßholzwurzeltee 2-4 TL / 6g. - neutral - ......................................................... *
Datteln rot 2 EL gehackte / 20g. - warm - süß................................................. ja
Weizen 2 TL gemahlen / 16g. - kühl - süß................................empfehlenswert
Wasser 1/2 Liter / 500g. - kühl - salzig ......................................................... ja

**Kochanleitung:**
Süßholzwurzel, Rote Datteln und Weizen 40 Minuten köcheln, abseihen und den Tee im Kühlschrank aufbewahren. Die Zutaten wegwerfen. Variante: Dieses Rezept kann mit Hühnerbrühe ergänzt werden; so wird es noch kräftigender.

Abkochung: 2-4 Tl. Süßholz mit 1/2 Liter kaltem Wasser übergießen, zum Sieden erhitzen, 1 Min. kochen, 10 Min. ziehen lassen. 2 mal tägl. 1 Tasse trinken.

## 5.70 Tee Wacholderbeeren

Trocknet aus, leitet nach unten, Aktiviert Wei Qi.
Kochzeit 10 Min.
Kalorien p. Portion: 10
1 Portion

**Zutaten:**

Wacholderbeere 1 TL / 3g. - warm - süß, scharf, bitter .............empfehlenswert
Wasser 1 Tasse / 125g. - kühl - salzig ......................................................... ja

**Kochanleitung:**
Ein Teelöffel getrocknete Wacholderbeeren für eine Tasse Tee. Kalt ansetzen und kurz aufkochen. 15 Minute ziehen lassen, dann abseihen. Dieser Tee wird ungesüßt und schluckweise, langsam getrunken. Die Menge reicht für einen Tag.

# 6 Wirkung der Lebensmittel

## 6.1 Zutaten verwenden: empfehlenswert

Amaranth
Barsch
Blütenpollen
Bocksdornfrüchte (Fructus Lycii) getrocknet
Brombeere
Buchweizen
Buchweizen (geröstet) Kasha
Buchweizen Vollkorn
Chrysanthemenblütentee
Ente (Frühmastente, schlachtfrisch)
Ente (Herz)
Fischstücke gemischt (Süßwasser)
Forelle
Früchtetee
Gerste
Gerste (Nacktgerste)
Gerstengraupen
Gerstenmalz
Graskarpfen
Hagebuttentee
Heidelbeere
Heidelbeersaft
Himbeere
Himbeermarmelade
Hirsch Fleisch
Huhn Ei
Huhn Fleisch
Jakobstränen
Kakao
Kaninchen Fleisch
Karotte (Frühkarotte)
Karotte (Mohrrübe, Möhre)
Karottensaft ohne Zucker
Karpfen
Kirsche
Kirschsaft
Kräuter Wildkräuter
Lachs
Longane
Lotossamen

Mangold
Marillen
Marillensaft
Nierenbohnen (rote)
Pastinake
Petersilie
Pfirsich
Pflaume
Pute Brustfleisch
Quinoa
Reis Basmatireis
Reis Gaoliangreis (Sorghum)
Reis Langkornreis
Reis Roter
Reis Rundkornreis
Reis Schwarzer
Reis Sorte beliebig
Reis Süßer
Reis Vollkorn
Reis Wilder (Naturreis)
Reismehl
Rosenkohl
Rote Grütze (ohne Zucker)
Rote Rübe
Safran
Sellerie Knolle
Sesam Paste (Tahini)
Sesam, Schwarzer
Sesam, Weißer
Sonnenblumenkerne
Spargel (grün oder weiß)
Spinat
Tintenfisch
Trauben rot
Traubensaft rot
Traubensaft weiß
Wacholderbeere
Walnüsse
Weizen
Weizen Bulgurweizen
Zucker Fructose Fruchtzucker

Zucker Glukose Traubenzucker
Zucker Melasse

Zucker Milchzucker
Zucker Ursüße (Zuckerrohr)

## 6.2 Zutaten verwenden: ja

Aal
Aal geräuchert
Acaipulver
Adzukibohnen
Agavendicksaft
Ahornsirup
Aloesaft
Amaranth POPS
Angelikawurzel
Apfel (sauer)
Apfel (süß)
Apfelmus
Apfelsaft (Naturtrüb)
Aprikose
Aprikosennektar
Artischocke
Austern
Austernpilze
Baldrian
Basilikum
Basilikum (frisch)
Beeren der Saison
Beerensaft
Bier (Altbier)
Bier (Pils)
Birne
Birnensaft
Blattsalate (bitter)
Blumenkohl (Karfiol)
Bockshornklee
Bohnen (grün, frisch)
Bohnenkraut
Brokkoli
Brombeerblätter
Brombeere getrocknet (unreife)
Brösel (Weizenbrot, Semmel)
Brötchen (Semmel)
Butter (halbfett)
Butter Bio
Butterbohnen weiße
Calamari
Cashewnüsse
Champignon
Chicorée
Chinakohl
Chlorella (Süßwasser)
Couscous
Cranberries
Cumin (Kreuzkümmel)

Datteln getrocknet
Datteln rot
Dinkel
Dinkel Brot
Dinkel Flocken
Dinkel Gries
Dinkel Vollkornmehl
Dorsch
Eibennuss
Eisbergsalat
Endiviensalat
Entenei
Erbse, grün
Erbsen
Erdnuss (geröstet)
Erdnussbutter
Erdnüsse
Erdnussöl
Estragon
Färberdiestel (Hong Hua)
Färberginsterkraut
Feige
Feige getrocknet
Feta
Fisch Innereien
Fischreste
Flaschenkürbis
Flohsamen
Flunder
Forelle (geräuchert)
Frauenmantel
Frischkäse
Frischkäse aus Soja
Frischkäse mit Kräuter
Gänseblümchen
Garnele
Gelee Royal
Gemüsesaft
Gerste (Perlgerste)
Gerstengras Pulver
Gerstengrütze
Gerstenmehl
Getreidekaffee
Ginkgofrucht
Ginseng
Ginsengwurzel
Granatapfel
Grundrezept für eine Entenbrühe
Grundrezept für eine Fischbrühe

Grundrezept für eine Gemüsebrühe
nahrhaft
Grundrezept für eine Hühnerbrühe
wärmend
Grundrezept für eine Reissuppe
(Congee)
Guave
Hafer Milch
Hase
Haselnüsse
Heidelbeere getrocknet
Heidelbeermarmelade
Heilbutt
Hering
Hibiskustee
Hijiki
Himbeerblättertee
Himbeere getrocknet (unreife)
Hiobsträne (Samen) YiYi Ren
Hirsch Knochen
Hirse
Hirseflocken
Hokkaidokürbis
Holunderbeeren
Holunderblütentee
Hopfen
Huhn Eigelb
Huhn Eiweiß
Huhn Herz
Huhn Leber
Hüttenkäse
Jasminblütentee
Johannisbeere (rot)
Johannisbeere (schwarz)
Johannisbeere (weiß)
Johannisbeermarmelade (rot)
Johannisbeermarmelade (schwarz)
Johannisbeernektar (schwarz)
Johannisbrotkernmehl
Kabeljau
Kaki-Pflaume
Kaktusfeige
Kalmus
Kamille
Karausche
Kardamom
Kartoffel
Kartoffel (mehlige)
Kartoffelmehl
Kastanien (Maronen)
Kerbel
Kerbel getrocknet
Kichererbsen
Kirsche (sauer)

Kirschenkompott
Kohlrabi
Kohlrübe
Kokosfett
Kokosflocken
Kokosmilch
Kokosnussfleisch
Kokosraspeln
Kombualge
Kompott (Früchte der Saison)
Kopfsalat
Koriander
Koriandergrün
Kraeuter verschiedene Sorten
Kräuter bittere
Kräuter der Provence
Kräuter verschiedene
Kräuterteemischung
Kudzu
Kukichatee
Kümmel
Kümmel gemahlen
Kürbis
Kürbiskerne
Kürbiskernöl
Lauchzwiebel Schnittlauch
Lavendelblüten
Leberglättertee
Leinsamen
Leinsamen (geschrotet)
Liebstöckelsamen
Limabohnen
Lindenblütentee
Linsen (Helmbohnen)
Linsen gelb
Linsen rot
Linsen schwarz
Lorbeerblatt
Mais
Mais (Schnellpolenta)
Mais Gries (Polenta)
Mais Mehl (Maizena)
Maishaartee
Maiskeimöl
Maisstärke
Majoran
Malz
Mandarine
Mandelmilch
Mandelmus
Mandeln
Mandeln Marzipan
Margarine
Margarine (Diät)

Melisse
Miso
Miso schwarz (fermentiert)
Mittelmeerfisch (Kabeljau, Scholle,
Schellfisch, Seeaal, Makrele)
Moosbeere
Morchel (schwarz, getrocknet)
Mungbohne
Nori, Purpurtang, Rotalge
Okra
Oliven
Olivenöl
Orange abgeriebene Schale
Orange getrocknete Schale
Orangenblüten
Papaya
Paprika
Paprika (Rosenpaprika)
Paprika (süß)
Petersilienwurzel
Pfeffer gemahlen
Pfeffer Körner
Pfeffer weiss (gemahlen)
Pfefferminze
Pfefferminztee
Pfeilwurzelmehl
Pfifferlinge/Eierschwammerl
Pinienkerne
Pistazien
Pute Schinken
Quitte
Radicchio
Rapsöl
Reh Fleisch
Reis Duftreis
Reis Klebreis
Reis Reisschleim
Reishi
Reismalz
Reisnudeln
Reisstärke
Rettich (weiß, grün, lila-rot)
Rettich Meerrettich (Kren)
Rettich schwarz
Rettichblätter (vom Wochenmarkt)
Rind Herz
Rind Herz (Kalb)
Rind Knochenmark
Roggen
Roggen Vollkornbrot
Roggenmehl
Römersalat/Lattich-Salat
Rooibos
Rosinen

Rotbarsch
Rotkohl
Sago (Getreide)
Sahne 10% Kaffeesahne
Sahne sauer 10%
Sake
Salbei
Sardellen/Sardine
Saubohnen (Dicke Bohnen)
Schwarzaugenbohnen
Schwarze Bohnen
Schwarzer Fungu Pilz
Schwarzkümmel
Schwarzwurzel
Sellerie Stangensellerie
Senf
Senf Dijon
Senf mittelscharf
Senf süß
Senfsamen
Sesamöl
Shiitake, getrocknet
Shrimps
Silbermorchel, getrocknet
Soja Tofu
Sojabohne
Sojabohnen, Gelbe
Sojabohnen, Schwarze
Sojabohnen, Schwarze, fermentiert
Sojabohnenmilch
Sojacreme
Sojamehl
Soja-Nudeln
Sojaöl
Sojapaste (Miso)
Sonnenblumenöl
Stangenbohnen (Fisolen)
Steinpilz/Herrenpilz
Süßkartoffel
Thymian
Thymian getrocknet
Trauben weiß
Traubenkernöl
Trüffel
Tsampa (geröstetes Gerstenmehl)
Vanille
Vanillepulver
Vanilleschote
Vanillezucker natur
Vogelmiere
Vogerlsalat (Pflücksalat)
Wachskürbis
Wakame
Wasser

Wasser heiss
Weißbrot (Weizenbrot)
Weißbrot Baguette
Weißbrot Brösel (Weizenbrot)
Weißbrot Knödelbrot (Weizenbrot)
Weißbrot Salzstangerl
Weißbrot Semmel
Weiße Bohnen
Weißwurz
Weizen Flocken
Weizen Gries
Weizen Gries - Kindergries
Weizen Mehl
Weizen Mehl Vollkorn

Weizen/Roggen Grau- Schwarzbrot mit Hefe
Weizenkeimöl
Wermutkraut
Wirsing/Grünkohl
Yamswurzel, Yamswurzelknolle
Zitrone Schale
Zucchini
Zuckerersatz (Süßstoff)
Zwieback
Zwiebel Frühlingszwiebel
Zwiebel rot
Zwiebel Schalotte
Zwiebel weiss

# 6.3 Zutaten verwenden: wenig

Acerola Fruchtnektar oder Pulver
Andornkraut
Anis (gemeiner Fenchel)
Aprikose getrocknet
Aprikosen Marmelade
Austernschalenpulver
Backpulver
Banchatee
Bärentraubenblätter
Bärlauch (Knoblauchspinat)
Bataviasalat
Berberitzenrindetee
Bitterklee
Bitterorangenschale
Blätterteig
Bohnenöl
Borretsch
Borretschöl
Boxhornkleesamen
Brennnessel
Brot mit Johannisbrotkernmehl
Bulgur (Getreide)
Buschbohnen
Buttermilch
Butterschmalz
Camembert
Clementinen
Colagetränk (kalorienarm)
Creme fraîche
Dill
Distelöl
Dulse (Lappentang)
Edamer
Emmentaler
Erdbeere
Essig (Apfelessig)
Essig (Rotweinessig)

Essig Aceto Balsamico
Essig Aceto Balsamico weiss
Essiggurke
Fasan
Fenchelsamen gemahlen
Fischsouce
Galgant
Gans (Gänseschmalz)
Glühweingewürzmischung
Gorgonzola
Gouda
Grapefruit getrocknete Schale
Grundrezept für eine Rinderbrühe (klar)
Grünkern
Gurke (bitter)
Gurke (Gewürzgurke)
Hagebutte
Hefe
Hirsch Nieren
Huhn Magen
Ingwer frisch
Kaffeeweißer
Kapern (eingelegt)
Kapuzinerkresse
Käsepappeltee
Kaviar
Kefir
Klementine
Korinthen (rot)
Korinthen (schwarz)
Krake
Kuhmilch (1,5 % Fett)
Kuhmilch (Vollmilch 3,5 % Fett)
Kumquat
Kurkuma (Gelbwurz)
Lamm Leber
Lamm Nieren

Languste
Lauch (Porree)
Leinöl
Liebstöckel
Loquate/Japanische Mispel
Mais (geröstet)
Makannastern Samen
Malzbier
Maulbeerfrucht
Meereskrebs
Mehrkornbrot (Graubrot)
Miesmuscheln
Mineralwasser
Mirabelle
Mixed Pickels
Molke
Mozzarella
Nektarine
Nelke
Obstmischung Fruchtsaft
Oliven grün
Orange Schale
Orangenmarmelade
Orangensaft
Oregano frisch
Oregano getrocknet
Parmesan
Pfeffer Cayenne
Pfirsich (Dose)
Pflaume getrocknet
Pintobohnen gesprenkelt
Preiselbeere
Preiselbeermarmelade
Preiselbeersaft
Prosecco
Puddingpulver Vanille
Pumpernickel
Quargel 20%
Reineclaude
Rind (Kalb)
Rind Filet
Rind Fleisch
Rind Fleischknochen
Rind Leber
Rind Lunge (Kalb)

Rind Ochsenschwanzstücke
Rind Suppenfleisch
Rosmarin
Rum
Sahne sauer 20%
Sahne sauer 30%
Sahne, süß 30%
Salz
Salz Kräutersalz
Sanddorn
Sauerkirsche
Sauerkraut
Sauermilch
Sauerrahm (Schmand) 30% Fett
Sauerrahm 15% Fett
Schafmilch Joghurt
Schafsmilch
Schimmelkäse
Schmelzkäse 12%
Schnaps
Schwein Darm
Schwein Herz
Schwein Hirn
Schwein Schinken
Schwein Schinken gekocht
Sesamöl geröstet
Sherry
Soja Cuisine (Soja-Sahne)
Soja Tofu geräuchert
Sojasauce
Speiserüben
Thunfisch
Topfen 20%
Umeboshipaste
Umeboshipflaumen (Japanaprikosen)
Weißwein
Weizenkleie
Wermut
Wildkräuter
Wildschwein Fleisch
Ysop
Zucker braun
Zucker Kandis weiß

## 6.4 Kontraindikativ wirkende Lebensmittel nicht verwenden

Agar-Agar, Agartang
Ananas
Ananas (aus der Dose)
Ananassaft ungezuckert
Aubergine

Avocado
Bambussprossen
Banane
Banane Kochbanane
Benediktinerdistel

Bier (alkoholarm)
Bier (alkoholfrei)
Bitter Lemon
Bitterlikör
Bratöl
Brombeermarmelade
Campari
Chili (Schote oder gemahlen)
Colagetränk
Curry
Currypaste rot
Dornhai (Seeaal, Schillerlocken)
Erdbeermarmelade
Erdbeersaftgetränk
Feldsalat
Fenchel
Fencheltee
Fernet Branca (Kräuterbitterlikör)
Gans
Gans (Gänseklein)
Gänseblut
Gänseei
Ginsenglikör
Grapefruit/Pampelmuse/Pomelo
Grapefruitsaft
Grüner Tee
Gurke
Hafer
Hafer Flocken (Vollkorn)
Hafer Flocken geröstet
Hafer Mehl
Hafer Schmelzlocken (Babynahrung)
Hafer Schrot
Haifisch
Hammel
Hase, wild
Honig
Honigmelone
Honigwein (Met)
Hummer
Ingwer Pulver
Ingweröl
Joghurt (natur, 1,5 % Fett)
Joghurt (natur, 3,5 % Fett)
Joghurt Vanille
Kaffee
Kaninchen Leber
Karambole/Sternfrucht
Kiwi
Klettenwurzeltee
Knäckebrot
Knoblauch
Krabbe
Kresse

Lamm Fleisch
Lamm Knochen
Lamm Schulter
Laugengebäck
Löffelbiskuit
Löwenzahn (junger)
Löwenzahnwurzeltee
Mango
Mangopulver
Mangosaft
Martini
Meeräsche
Mohn
Mungbohnensprossen
Muskatnuss
Müsli
Nudeln (Vollkorn) mit Ei
Nudeln (Weizen) mit Ei
Nudeln (Weizen, Bandnudeln) mit Ei
Nudeln (Weizen, Lasagneblätter) mit Ei
Nudeln (Weizen, Spagetti) mit Ei
Orange
Piment
Radieschen
Rhabarber
Rind Magen
Rind Niere
Rotwein
Sauerampfer
Sauerteig
Schaffleisch
Schafgarbentee
Schafskäse
Schlagobers (30 % Fett)
Schmelzkäse 30%
Schwarztee
Schwein Fett
Schwein Fleisch
Schwein Leber
Schwein Lunge
Schwein Magen
Schwein Markknochen
(Röhrenknochen)
Schwein Mettwurst
Schwein Nieren
Schwein Schinken geselcht
Schwein Schinkenspeck
Schwein Schmalz
Toastbrot (Vollkorn)
Tomate
Tomate getrocknet
Tomatenmark
Tomatenpüre
Tomatensaft

Topfen 40%
Vollkornbrot
Vollkornbrot mit ganzen Körner
Vollkornmehl
Wassermelone
Weizen Bier
Weizen Fladenbrot
Yogitee

Zimtpulver
Zimtstange
Zitrone
Zitrone Saft
Zitrone, Limette
Zucker (Staubzucker)
Zucker (weiß, aus Rüben)

# 7 Komplementär

## 7.1 Adonisröschen

Zubereitung: Verschiedene Möglichkeiten
Wirkung: Beruhigt Herz-Qi, bewegt Blut, stärkend, diuretisch.

## 7.2 Arnika

Zubereitung: Öl für Massage
Wirkung: Bewegt Blut, Herz-Blut bewegend, Qi und Blut im oberen
Erwärmer bewegend, Qi stärkend, tonisiert Herz-Yang.
Dosierung: Massageöl aus 10g Arnikablüten und 50g Aloe-Vera Öl
ansetzen und 3 Wochen zeihen lassen (ev. in die Sonne stellen und
gelegentlich schütteln).
Hinweis: Vor innerer Anwendung von Arnika ist abzuraten. Sie kann zu
Übelkeit, Erbrechen und Herzbeschwerden führen.

## 7.3 Chili Schoten

Zubereitung: Einreibung
Wirkung: Eliminiert Wind-Kälte. Erwärmt inneres/Li, bewegt Herz-Qi und
Blut.
Dosierung: Hinweis: Hohe Dosen können bei längerer Anwendung zu
lebensgefährlicher Hypothermie führen, zu akuter Gastritis,
Nierenentzündung. Zubereitungen mit Capsicum reizen auch in geringen
Mengen Haut und Schleimhäute und können schmerzhaftes Brennen
hervorrufen.

## 7.4 Ginkgoblätter

Zubereitung: Dekokt (Abkochung)
Wirkung: Bewegt Blut. Bewegt Herz-Blut, stärkt Lungen-Qi,
adstringierend.

## 7.5 Ringelblumenblüten

Zubereitung: Heil-Tee (Aufguss)
Wirkung: Bewegt Feuchtigkeit, bewegt Leber-Qi, stärkt Herz-Qi, bewegt
Blut, diaphoretisch.
Dosierung: Tee oder Gurgelwasser: 1 TL getrocknetes Kraut mit 250ml.
Wasser.

Salbe: 2 Handvoll Blüten auf 200ml. Bio-Olivenöl und 50g. Bienenwachs bei niedriger Hitze erwärmen, abseihen, portionsweise in Gläser füllen. Hinweis: Die berühmte Ringelblumensalbe heilt Hautausschläge, Wunden, Entzündungen und Krampfadern. Ringelblumentee löst Krämpfe bei Bauchschmerzen und Menstruationsproblemen und er fördert die Gallensekretion.

# 8 Grundlagen der Ernährung

Die hier beschriebenen Grundlagen der Ernährung zeigen allgemeine Empfehlungen und beziehen sich nicht auf eine spezielle Therapieform. Die Empfehlungen der Therapie haben Vorrang.

## 8.1 Ernährung

Die regelmäßige Einnahme von Mahlzeiten in entspannter Atmosphäre. Ein wärmendes Frühstück gilt als guter Start in den Tag. Mittags sollte die Hauptmahlzeit stattfinden - das Abendessen am frühen Abend.

Die Beachtung von Hunger- und Sättigungsgefühlen: Nicht überessen und nicht hungern, so lautet die Regel.

Die frische Zubereitung der Speisen aus naturbelassenen, regionalen Produkten. Tiefgekühlte, hitzekonservierte, industriell vorgefertigte oder mikrowellengegarte Lebensmittel werden abgelehnt.

Die Auswahl von Lebensmittel nach der Jahreszeit: Im Sommer mehr kühlende Nahrung, im Winter mehr wärmende Nahrung.

Mindestens zweimal am Tag Gekochtes essen. Speisen und Getränke sollen möglichst handwarm, niemals eiskalt oder heiß sein.

Rohkost, kurz gegartes Gemüse, frisch gepresste Säfte und Mineralwasser werden üblicherweise nicht empfohlen. Milch und Milchprodukte stehen nur dann auf dem Speiseplan, wenn sie problemlos vertragen werden.

Therapeutische Rezepte nicht über einen längeren Zeitraum ohne Rücksprache mit dem Arzt oder Therapeuten einnehmen.

**1. Vielseitig essen**
Lebensmittelvielfalt genießen. Merkmale einer ausgewogenen Ernährung sind abwechslungsreiche Auswahl, geeignete Kombination und angemessene Menge nährstoffreicher und energiearmer Lebensmittel. (Einerseits Schutz vor Unterversorgung mit essentiellen Nährstoffen und andererseits Schutz vor einer überhöhten Zufuhr unerwünschter Inhaltsstoffe.)

**2. Reichlich Getreideprodukte - und Kartoffeln**
Brot, Nudeln, Reis, Getreideflocken (am besten aus Vollkorn), sowie

Kartoffeln enthalten kaum Fett, aber reichlich Vitamine, Mineralstoffe, Spurenelemente sowie Ballaststoffe und sekundäre Pflanzenstoffe. Diese Lebensmittel sollten mit möglichst fettarmen Zutaten verzehrt werden.

### 3. Gemüse und Obst - Nimm "5" am Tag ...

5 Portionen Gemüse und Obst am Tag, möglichst frisch, nur kurz gegart, oder auch eine Portion als Saft – idealerweise zu jeder Hauptmahlzeit und auch als Zwischenmahlzeit: Damit werden reichlich Vitamine, Mineralstoffe sowie Ballaststoffe und sekundären Pflanzenstoffe (z.B. Carotinoiden, Flavonoiden) zugeführt. Das Beste, was man für die eigene Gesundheit tun kann.

### 4. Täglich Milch und Milchprodukte, ein- bis zweimal in der Woche

Fisch; Fleisch, Wurstwaren sowie Eier in Maßen. Diese Lebensmittel enthalten wertvolle Nährstoffe, wie z.B. Calcium in Milch, Jod, Selen und Omega-3-Fettsäuren in Seefisch. Fleisch ist wegen des hohen Beitrags an verfügbarem Eisen und an den Vitaminen B1, B6 und B12 vorteilhaft. Mengen von 300 - 600 g Fleisch und Wurst pro Woche reichen hierfür aus. Fettarme Produkte bevorzugen, vor allem bei Fleischerzeugnissen und Milchprodukten.

### 5. Wenig Fett und fettreiche Lebensmittel

Fett liefert lebensnotwendige (essenzielle) Fettsäuren und fetthaltige Lebensmittel enthalten auch fettlösliche Vitamine. Fett ist besonders energiereich, daher kann zu viel Nahrungsfett Übergewicht fördern, möglicherweise auch Krebs. Zu viele gesättigte Fettsäuren fördern langfristig die Entstehung von Herz-Kreislauf-Krankheiten. Pflanzliche Öle und Fette bevorzugen (z.B. Raps-, Oliven- und Sojaöl und daraus hergestellte Streichfette). Auf unsichtbares Fett achten, das in Fleischerzeugnissen, Milchprodukten, Gebäck und Süßwaren sowie in Fast-Food- und Fertigprodukten meist enthalten ist. Insgesamt 70 - 90 Gramm Fett pro Tag reichen aus.

### 6. Zucker und Salz in Maßen

Nur gelegentlich Zucker und Lebensmittel, bzw. Getränke verzehren, die mit verschiedenen Zuckerarten (z.B. Glucose Sirup) hergestellt wurden. Kreativ mit Kräutern und Gewürzen und wenig Salz würzen. Jodiertes Speisesalz bevorzugen.

### 7. Reichlich Flüssigkeit

Wasser ist absolut lebensnotwendig. Jeden Tag rund 1-2 Liter Flüssigkeit trinken. Wasser (ohne oder mit Kohlensäure) und andere kalorienarme Getränke bevorzugen. Alkoholische Getränke sollten nicht konsumiert werden.

## 8. Schmackhaft und schonend zubereiten

Die jeweiligen Speisen bei möglichst niedrigen Temperaturen garen, soweit es geht kurz, mit wenig Wasser und wenig Fett - das erhält den natürlichen Geschmack, schont die Nährstoffe und verhindert die Bildung schädlicher Verbindungen.

### 9. Sich Zeit nehmen und das Essen genießen

Bewusstes Essen hilft, richtig zu essen. Auch das Auge isst mit. Sich beim Essen Zeit lassen. Das macht Spaß, regt an, vielseitig zuzugreifen und fördert das Sättigungsempfinden.

### 10. Auf das Gewicht achten und in Bewegung

Ausgewogene Ernährung, viel körperliche Bewegung und Sport (30 bis 60 Minuten pro Tag) gehören zusammen. Mit dem richtigen Körpergewicht fühlt man sich wohl und fördert die Gesundheit.
Thermik, Wirkrichtung, Verdauungskraft
Es gibt unterschiedliche Kriterien, die Wirksamkeit von Kräutern und Lebensmittel zu beurteilen. Der Einsatz der Kräuter und Zutaten basiert auf Beobachtung, was die Lebensmittel, Kräuter und Gewürze nach ihrem Verzehr im Körper bewirken. In der Medizin hat sich daraus folgendes System entwickelt: Jede Zutat oder Kraut hat eine Wirkrichtung. Außerdem gibt es noch Kräuter, die eine besondere Wirkung auf bestimmte Organe haben.

Voraussetzung für einen gesunden Stoffwechsel ist es, darauf zu achten, dass wir ausreichend Energie aus der Nahrung gewinnen und der Verdauungsprozess so wenig Energie wie möglich verbraucht. Eine bekömmliche Mahlzeit macht zufrieden und satt, verursacht keine Blähungen und keine Müdigkeit nach dem Essen. Richtiges Würzen erhöht die Bekömmlichkeit unserer Speisen. Es genügen oft schon geringe Mengen an Kräutern und Gewürzen. Sie dienen nicht dazu, uns satt zu machen, sondern helfen unseren Verdauungsorganen, die Nahrung zu verdauen.

## 8.2 Rezepte

Die Rezepte zeigen Ihnen welche Zutaten verwendet werden sowie mit der Kochanleitung wie diese zubereitet werden. Bei den Zutaten wird neben den Mengenangaben auch die Wichtigkeit für die Therapie angezeigt. Wenn dabei angezeigt wird "weniger als angegeben" versuchen Sie diese Empfehlung einzuhalten oder eine Alternative aus der Liste der "Empfohlenen Lebensmittel" zu finden. Meistens ist es nur eine leichte geschmackliche Änderung wenn Sie diese Zutat gänzlich weglassen.

Schonende Kochmethoden: Kochen, dämpfen, pochieren, dünsten
Scharfe Kochmethoden: Grillen, rösten, anbraten, räuchern
Ausgeglichene Kochmethoden: Frittieren, Römertopf

Auf das Einfrieren und erwärmen in der Mikrowelle sollte verzichtet werden (Denaturierung).

## 8.3   Lebensmittel

Lebensmittel wirken wie Heilkräuter auf Körper und Geist, nur wesentlich sanfter. Die Ernährungsberatung stützt sich hauptsächlich auf heimische Lebensmittel. Das Wissen über die Wirkungsweisen jedes einzelnen Lebensmittels und das Wissen wann welche Lebensmittel zur Anwendung kommen, entstammt der Schulmedizin. Verwende Sie möglichst Erzeugnisse aus ökologischen-biologischem Landbau.

Da wegen der besseren Verdaulichkeit grundsätzlich alles lange gekocht und kaum roh gegessen wird, ist die Verträglichkeit hervorragend.

Die Einteilung der Lebensmittel entsprechend ihrer Wirkung auf den Körper und bildet die Basis, um einen ausgewogenen und harmonischen Gesundheitszustand im Körper zu erreichen.

Grundsätzlich empfiehlt die Ernährungsberatung keine bestimmten Lebensmittel für Jedermann. Ausschlaggebend für den individuellen Speiseplan ist vor allem die persönliche Konstitution.

Kaufen Sie nur frisches und reifes Obst und Gemüse ein. Braune Stellen, welke Blätter aber auch unreifes Obst und Gemüse sollten Sie im Supermarkt zurücklassen. Greifen Sie dann zu Tiefkühlware (keine Fertiggerichte!). Tiefkühlobst und -gemüse werden kurz nach dem Ernten schockgefroren und enthalten deshalb oftmals mehr Vitamine und Mineralstoffe, als die Ware aus der Obst- und Gemüsetheke! Konserven- und Dosenware dagegen enthält wesentlich weniger Biostoffe. Zudem werden Letztere meist mit Salz, Zucker usw. angereichert. Lassen Sie die Zutaten nach dem Waschen nie im Wasser liegen, denn so gehen viele Vitalstoffe ins Wasser über! Putzen Sie Salate, Früchte und Gemüse erst unmittelbar vor Verzehr.

Beachten Sie bitte die hygienische Verarbeitung der Lebensmittel. Waschen Sie Ihre Salate, Früchte und Gemüse gründlich. Bei Gerichten mit Fleisch bereiten Sie zuerst die Zutaten vor und verarbeiten dann die Fleischprodukte. Reinigen Sie danach die Arbeitsflächen und Werkzeuge besonders gründlich. Holzunterlagen sollten regelmäßig mit leichtem Desinfektionsmittel behandelt werden um die Keimbildung einzuschränken.

Bewahren Sie Obst und Gemüse möglichst getrennt voneinander auf. Auch geerntete Früchte und Gemüse leben und strömen z.b. Ethylengas aus, das andere Sorten schneller reifen und altern lässt. Fleisch und Fisch in der verschlossenen Verpackung lassen oder in luftdichten Boxen im Kühlschrank aufbewahren.

## 8.4 Kräuter

Bei der Aufbewahrung und Lagerung von Heilkräutern, müssen gewisse Grundregeln beachtet werden. Grundsätzlich müssen Heilkräuter geschützt vor direkter Sonneneinstrahlung, vor Feuchtigkeit und vor heißen Temperaturen gelagert werden.

Als Gefäße für die Lagerung von Heilkräutern können Gläser, Keramik-Behälter und zur Not auch Plastik-Dosen eingesetzt werden. Plastik ist aber ein sehr unreines Material und sollte daher wirklich nur eine kurzfristige Notlösung sein. Bei Glasbehältern ist darauf zu achten, dass dunkles Glas verwendet wird.

Heilkräuter können nicht beliebig lange aufbewahrt werden. Die Haltbarkeit von Heilkräutern ist auf jeden Fall begrenzt. Durch die Haltbarkeitsdauer kann durch sachgerechte Lagerung wesentlich erhöht werden. So soll der Lagerplatz dunkel, eher kühl und absolut trocken sein. Ein Medizinschrank aus Holz, der nicht direkt bei einer Wärmequelle platziert ist wäre ideal. Um Ihre Heilkräuter nicht wegwerfen zu müssen, kaufen Sie nicht zu große Mengen an Heilpflanzen. Beschriften Sie die Behälter mit dem Namen des Heilkrauts und dem Datum der Ernte bzw. der Verarbeitung.

# 9 Weitere Ernährungsvorschläge

Folgende Syndrome der Diätetik, der TCM oder als Therapieergänzung bei Krebs sind verfügbar.

## DIÄTETIK
1.  Ernährung des Säuglings - Beikost
2.  Ernährung in der Stillzeit
3.  Ernährung im Alter
4.  Ernährung von Kindern und Jugendlichen
5.  Ernährung von Sportlern
6.  Leichte Vollkost
7.  Schwangerschaft
8.  Vollkost

**Eiweiß und Elektrolyt – Nieren**
9.  (Hämo-)Dialysebehandlung
10. Akutes Nierenversagen
11. Chronische Niereninsuffizienz
12. Nephrotisches Syndrom
13. Nierensteine (Nephrolithiasis)

**Gastrointestinaltrakt - Bauchspeicheldrüse**
14. Akute Pankreatitis (Entzündung der Bauchspeicheldrüse)
15. Chronische Pankreatitis (Entzündung der Bauchspeicheldrüse)

**Gastrointestinaltrakt - Dünndarm und Dickdarm**
16. Akute Obstipation (Verstopfung)
17. Chronische Obstipation (Verstopfung)
18. Colon irritabile
19. Divertikulitis
20. Erworbene Laktoseintoleranz (Laktosemalabsorption)
21. Fruktosemalabsorption
22. Glutensensitive Enteropathie (Zöliakie)
23. Kolektomie
24. Kurzdarmsyndrom

**Gastrointestinaltrakt - Leber, Gallenblase, Gallenwege**
25. Akute und chronische Hepatitis (Entzündung der Leber)
26. Cholelithiasis (Gallensteine)
27. Fettleber
28. Leberzirrhose

**Gastrointestinaltrakt - Magen und Zwölffingerdarm**
29. Akute Gastritis
30. Chronische Gastritis
31. Magenblutung
32. Ulcus ventriculi und Ulcus duodeni
33. Zustand nach Magenoperation

**Gastrointestinaltrakt - Mundhöhle und Speiseröhre**
34. Mundschleimhautentzündung
35. Ösophaguskarzinom (Speiseröhrenkrebs)
36. Reflüxösophagitis (Sodbrennen)

**spezielle Krankheiten**
37. Phenylketonurie (PKU)
38. Rheumatische Gelenkserkrankungen

**Stoffwechsel**
39. Adipositas (Übergewicht)
40. Diabetes mellitus
41. Essstörungen (Untergewicht)
**Fettstoffwechsel**
42. Hypercholesterinämie (erhöhter Cholesterinspiegel)
43. Hepatische Enzephalopathie
**Herz- und Kreislauf**
**44.** Arteriosklerose (Arterienverkalkung)
45. Herzinsuffizienz
46. Hypertonie (Bluthochdruck)
47. Hyperurikämie und Gicht
**veränderter Nährstoffbedarf**
48. bei Fieber
49. bei malignen Erkrankungen
50. nach Verbrennungen
51. Strahlen- und Chemotherapie

## KREBS
100. Bauchspeicheldrüse
101. Blasenkrebs
102. Blutkrebs (Leukämie)
103. Brustkrebs
104. Darmkrebs
105. Magenkrebs
106. Nierenkrebs
107. Speiseröhrenkrebs

## TCM
200. Blase - Feuchte Hitze in der Blase
201. Blase - Feuchtigkeit und Kälte in der Blase
202. Blase - Leere und Kälte in der Blase
203. Dickdarm - äussere Kälte befällt den Dickdarm
204. Dickdarm - Feuchte Hitze im Dickdarm
205. Dickdarm - Hitze blockiert den Dickdarm II akut
206. Dickdarm - Trockenheit des Dickdarms
207. Dickdarm - Yang Mangel (Kälte)
208. Herz - Blut Mangel
209. Herz - Blut Stagnation
210. Herz - Feuer
211. Herz - Heisser Schleim verstopft die Herzporen
212. Herz - Kalter Schleim verstopft die Herzporen
213. Herz - Qi Mangel
214. Herz - Yang Mangel
215. Herz - Yin Mangel
216. Leber - aufsteigender Leber-Yang
217. Leber - Blut-Mangel
218. Leber - Blut-Stagnation
219. Leber - feuchte Hitze in Leber und Gallenblase
220. Leber - Feuer
221. Leber - Gallenblase Qi-Leere
222. Leber - Kälte im Lebermeridian
223. Leber - Qi-Stagnation

224. Leber - Wind
225. Leber - Wind mit aufsteigendem Leber Yang
226. Leber - Wind mit Blutleere
227. Leber - Wind mit extremer Hitze
228. Lunge - Qi Mangel
229. Lunge - Schleim-Feuchtigkeit in der Lunge
230. Lunge - Schleim-Hitze in der Lunge
231. Lunge - Schleim-Kälte in der Lunge
232. Lunge - Trockenheit der Lunge
233. Lunge - Wind-Hitze befällt die Lunge
234. Lunge - Wind-Kälte befällt die Lunge
235. Lunge - Yin Mangel
236. Magen - Blutstagnation
237. Magen - Feuer
238. Magen - Magenkälte mit Flüssigkeit
239. Magen - Nahrungsstagnation
240. Magen - Qi Mangel
241. Magen - rebellierendes Magen Qi
242. Magen - Yin Leere
243. Milz - Hitze und Feuchtigkeit befällt die Milz
244. Milz - Kälte und Feuchtigkeit befällt die Milz
245. Milz - Qi Mangel
246. Milz - Qi Mangel + Absinkendes MilzQi
247. Milz - Qi Mangel + Milz kontrolliert das Blut nicht
248. Milz - Yang Mangel
249. Niere - Herz und Niere kommunizieren nicht mehr
250. Niere - Jing Mangel
251. Niere - Nieren können das Qi nicht empfangen
252. Niere - Qi ist nicht fest
253. Niere - Yang Mangel
254. Niere - Yin Mangel

# 10 EBNS - Software für die Ernährungsberatung

Die Hauptaufgabe der Datenbank ist eine „**personalisierte Ernährungsberatung**" für jeden Patienten individuell. Die Datenbank wurde für die Diätetik und Traditionellen Chinesischen Medizin entwickelt. Sie unterstützt bei der Ausbildung und Beratung im Arbeitsalltag.

Das Computerprogramm liefert Listen von Rezepten, Zutaten und Kräuter, welche dem Klienten mitgegeben werden. Individuell nach Patienten-Wunsch von Vollkost bis Vegetarier (Lacto-, Ovo-, ...) einstellbar. Zu jedem Register gibt es ein INFOBLATT welches einmal dem Klienten mitgegeben werden kann.

Die Syndrome sind kombinierbar und ergeben eine Schnittmenge der empfehlenswerten Rezepte und Zutaten. Die automatisierte Diagnose für die TCM ermöglicht Ihnen während der Ausbildung Ihre Erfahrungen zu überprüfen sowie im Arbeitsalltag ihre Diagnose zu bestätigen. Sie wählen mehrere vordefinierte Symptome und lassen sich vom Programm die relevanten Syndrome automatisch anzeigen.

**Wie Sie mit der Datenbank arbeiten können:**
Sie können alle Werte verändern, neue Symptome oder Syndrome anlegen, Rezepte entwickeln, verändern oder Zutaten und Kräuter an Ihre Erkenntnisse anpassen. In der einfachen Klientenverwaltung werden alle relevanten Daten zu der Person gespeichert. Sie bekommen einen Überblick über die zurückliegenden Diagnosen und die Entwicklung des Krankheitsverlaufes.

Als Berater sparen Sie viel Zeit, wenn Sie für die erkannten Syndrome die Rezept-, Lebensmittel- und Kräuterlisten ausdrucken und den Klienten mitgeben. Diese Zeit können Sie für das persönliche Gespräch nutzen.

Alle Rezept- und Lebensmittellisten können Sie auch als Kombination mehrerer Erkrankungen bestellen. Mit der Datenbank können Sie außerdem für jedes Rezept die Nährstoffe und Spurenelemente angezeigt bekommen und Rezepte für Syndrome selbst mit vorgeschlagenen Zutaten entwickeln.

Weitere Informationen finden Sie auf http://www.ebns.at.
Josef Miligui, Tel.: +43 660 12 10 500